Améliorez votre jeu

100

90

80

Édité par Scott Smith
et l'équipe de *Golf Digest*

100 Améliorez votre jeu 90 80

Traduit de l'américain par
Jacques Desfossés

LES ÉDITIONS DE L'HOMME

Catalogage avant publication de Bibliothèque et Archives Canada

Améliorez votre jeu : 100, 90, 80

Traduction de : Breaking 100, 90, 80.

1. Golf. I. Golf Digest.

GV965.B6914 2005 796.352'3 C2005-940410-8

Crédits photographiques

Toutes les photos, sauf mention contraire, ont été prises par les photographes Stephen Szurlej et Dom Furore, membres de l'équipe de Golf Digest.

Darron Carroll : 16-17, 196-197, 226-227, 229 ; J.D. Cuban : VIII, XII-1, 75, 124, 137, 141 (droite), 158-159, 180-181, 187 (gauche), 193 (haut), 231 (droite), 240-241, 261 ; Dee Darden : 37 ; Bob Ewell : 113, 273 ; Bill Fields : 214 ; Getty Images : 206-207, 236 ; Sam Greenwood : 211 ; Jim Gund : 78, 80-81, 275 ; Scott Halleran : 260 ; Rusty Jarrett : 108-109 ; Jim Moriarty : 7, 10, 13, 14 (droite), 15, 16 (gauche), 18 (gauche), 21, 23, 24, 27, 34, 35 (gauche), 47, 49, 55, 57, 60 (droite), 62, 63, 72, 73, 76, 77, 85, 87 (haut), 89, 90-91, 94, 106, 114 (gauche), 115, 117, 122, 123, 125, 126, 127, 138, 141, 147, 148, 152, 153, 163, 164 (droite), 165, 166, 167, 168-169, 170, 172-173, 174, 184 (haut), 185, 189 (droite), 190, 191 (haut), 194, 195 (haut), 198, 199, 202 (haut), 209, 216, 221, 231 (gauche), 233, 235, 237, 238-239, 244 (gauche), 245, 252-253, 262, 263, 270-271 ; Gary Newkirk : 18, 52-53, 150-151, 195, 204-205, 230, 234, 235, 242 ; Chris Stanford : 154-155, 171, 186, 187, 212, 222-223 ; Joey Terrill : 255, 269.

Crédits des illustrations

Les illustrations en arrière-plan sont de Jim Luft de *Luft & Leone Design*
Sam Ward : 5, 7, 9, 21, 30, 32, 35, 42, 45, 55, 57, 59, 61, 69, 73, 77, 89, 93, 106, 117, 119, 123, 124, 129, 131, 138, 147, 149, 152, 155, 163, 169, 171, 176, 185, 186, 191, 192, 198, 200, 202, 210, 213, 216, 219, 220, 233, 237, 238, 243, 245, 248, 257, 259, 260, 262, 266, 269; + Ism : 211.

02-05

L'ouvrage original anglais a été publié
par Golf Digest sous le titre *Breaking 100, 90, 80*

Dépôt légal : 1er trimestre 2005
Bibliothèque nationale du Québec

ISBN 2-7619-2107-0

DISTRIBUTEURS EXCLUSIFS :

- Pour le Canada et les États-Unis :
  MESSAGERIES ADP*
  955, rue Amherst
  Montréal, Québec H2L 3K4
  Tél. : (514) 523-1182
  Télécopieur : (450) 674-6237
  * Filiale de Sogides ltée
- Pour la France et les autres pays :
  INTERFORUM
  Immeuble Paryseine, 3, Allée de la Seine
  94854 Ivry Cedex
  Tél. : 01 49 59 11 89/91
  Télécopieur : 01 49 59 11 96
  Commandes : Tél. : 02 38 32 71 00
  Télécopieur : 02 38 32 71 28
- Pour la Suisse :
  INTERFORUM SUISSE
  Case postale 69 - 1701 Fribourg - Suisse
  Tél. : (41-26) 460-80-60
  Télécopieur : (41-26) 460-80-68
  Internet : www.havas.ch
  Email : office@havas.ch
  DISTRIBUTION : OLF SA
  Z.I. 3, Corminbœuf
  Case postale 1061
  CH-1701 Fribourg
  Commandes : Tél. : (41-26) 467-53-33
  Télécopieur : (41-26) 467-54-66
- Pour la Belgique et le Luxembourg :
  INTERFORUM BENELUX
  Boulevard de l'Europe 117
  B-1301 Wavre
  Tél. : (010) 42-03-20
  Télécopieur : (010) 41-20-24
  http://www.vups.be
  Email : info@vups.be

Gouvernement du Québec - programme de crédit d'impôt pour l'édition de livres - Gestion SODEC – www.sodec.gouv.qc.ca

L'Éditeur bénéficie du soutien de la Société de développement des entreprises culturelles du Québec pour son programme d'édition.

Nous reconnaissons l'aide financière du gouvernement du Canada par l'entremise du Programme d'aide au développement de l'industrie de l'édition (PADIÉ) pour nos activités d'édition.

Pour en savoir davantage sur nos publications,
visitez notre site : **www.edhomme.com**
Autres sites à visiter : www.edjour.com
www.edtypo.com • www.edvlb.com
www.edhexagone.com • www.edutilis.com

Si nous faisions toutes les choses
que nous sommes capables de faire,
nous nous émerveillerions nous-mêmes.

— Thomas Edison

TABLE DES MATIÈRES

NOS COLLABORATEURS

Franchir le cap du 100, du 90 et du 80 est un recueil complet de conseils techniques concernant l'élan, la stratégie, la gestion de parcours et l'entraînement. Ces conseils vous sont prodigués par des golfeurs professionnels et des instructeurs de renom tel David Leadbetter, Butch Harmon, Ernie Els et Justin Leonard. Voici la liste de quelques-uns de ces illustres collaborateurs. L'index de la page 276 vous permettra de localiser les conseils et leçons d'un auteur en particulier en vous référant aux numéros des pages où se trouvent ces leçons.

JANET COLES
Tenante de deux titres sur le circuit de la LPGA, Janet Coles enseigne aux golfeurs amateurs et à des joueurs de l'élite junior au Quail Lodge Resort & Golf Club de Carmel en Californie, et au club de golf Presidio de San Francisco.

CHUCK COOK
Élevé par ses pairs au 7e rang sur la liste des 50 meilleurs instructeurs d'Amérique de *Golf Digest*, Chuck Cook a travaillé avec Payne Stewart et Tom Kite. Il enseigne à l'Académie de golf Chuck Cook de Spicewood au Texas, ainsi qu'à celle de Wolcott, Colorado.

JANE CRAFTER
Née à Perth en Australie, Jane Crafter a joué sur le circuit de la LPGA pendant plus de 20 ans. Elle a remporté le JC Penney Classic en 1987 avec Steve Jones, ainsi que le tournoi Phar-Mor d'Inverrary en 1990.

SCOTT DAVENPORT
Scott Davenport est pro en titre au Quail Hollow Club de Charlotte, en Caroline du Sud. Il est reconnu comme l'un des meilleurs professeurs de golf de cet état. Instructeur vétéran des écoles de *Golf Digest*, Scott signe des articles pour la revue depuis 1984.

ERNIE ELS
Ayant débuté sa carrière en remportant le tournoi mondial junior des moins de 14 ans à San Diego, Ernie Els a remporté depuis 1992 plus de 40 tournois professionnels internationaux, dont l'Omnium des États-Unis en 1994 et 1997, et l'Omnium britannique en 2002.

HANK HANEY
Collaborateur de longue date chez *Golf Digest* et numéro 5 sur la liste des 50 meilleurs instructeurs, Hank Haney a enseigné à plusieurs pros, dont Mark O'Meara. Il est propriétaire du Hank Haney Golf Ranch, une école de golf de McKinney, Texas.

BUTCH HARMON
Numéro 1 sur la liste des 50 meilleurs instructeurs de *Golf Digest*, Butch Harmon a travaillé avec les plus grands joueurs du circuit, dont Tiger Woods. Il gère sa propre école, la Butch Harmon School of Golf, au Rio Secco Golf Club de Henderson, Nevada.

DAVID LEADBETTER
Numéro 2 sur la liste des 50 meilleurs instructeurs de *Golf Digest*, David Leadbetter a fondé 27 académies de golf à travers le monde. Il travaille avec plusieurs joueurs du circuit professionnel, dont Ernie Els, Nick Price, Charles Howell III et Aaron Baddeley.

JUSTIN LEONARD
All-American de l'université du Texas en 1993-94 et deux fois membre de l'équipe de la Coupe Ryder, Justin Leonard a remporté le championnat amateur des États-Unis en 1992, l'Omnium britannique en 1997 et le Players Championship en 1998.

JACK LUMPKIN
Nommé instructeur de l'année par la PGA en 1995, Jack Lumpkin est depuis plusieurs années l'entraîneur de Davis Love III. Ayant commencé à travailler comme instructeur dans les écoles de *Golf Digest* en 1976, il dirige présentement l'école du Sea Island Golf Club en Georgie.

JIM MCLEAN

Numéro 3 sur la liste des 50 meilleurs instructeurs de *Golf Digest*, Jim McLean est l'entraîneur de Len Mattiace et de plusieurs autres joueurs du circuit. Il dirige une école de golf qui porte son nom au Doral Golf Resort and Spa de Miami.

JOHNNY MILLER

Joueur étoile de la PGA dans les années 1970, Johnny Miller est analyste pour le réseau de télévision NBC et chroniqueur pour la revue *Golf Digest*. Il a fondé sa propre académie de golf au Palm Beach Polo, Golf & Country Club de West Palm Beach, en Floride.

RANDY MYERS

Randy Myers est directeur du programme de conditionnement physique de la PGA au National Resort & Spa de Palm Beach Gardens, en Floride. Il travaille à titre d'entraîneur avec plus de 80 golfeurs professionnels, dont Bruce Fleischer, Gary Player et Michelle McGann.

TOM NESS

Instructeur de longue date dans les écoles de *Golf Digest*, Tom Ness est responsable des leçons au Chateau Elan Winery and Resort de Braselton, en Georgie. Il figure sur la liste des 50 meilleurs instructeurs de *Golf Digest*.

NICK PRICE

Intronisé au Temple de la renommée mondial du golf en 2003, Nick Price a remporté 18 titres sur le circuit de la PGA. Il a connu sa première victoire en battant Jack Nicklaus à la Série mondiale de golf de 1983. Il a également remporté l'Omnium britannique et, à deux reprises, le championnat de la PGA.

JUDY RANKIN

Membre du Temple de la renommée de la LPGA et commentatrice de golf pour le réseau ABC, Judy Rankin fut nommée joueuse de l'année à deux reprises et a gagné le trophée Vare trois fois. À titre de capitaine, elle a mené l'équipe américaine de la Coupe Solheim à la victoire en 1996 et 1998.

DEAN REINMUTH

Habitué du Golf Channel, Dean Reinmuth figure sur la liste des 50 meilleurs instructeurs de *Golf Digest*. Phil Mickelson travaille avec cet entraîneur réputé depuis l'âge de 13 ans. Les écoles de golf Dean Reinmuth sont basées à San Diego.

LE DOCTEUR BOB ROTELLA

Ex-directeur de psychologie sportive à l'université de Virginie, Bob Rotella a travaillé avec plusieurs golfeurs professionnels et organisations sportives. Il travaille à titre de conseiller professionnel chez *Golf Digest* et est l'auteur de plusieurs best-sellers, dont *Jouer au golf sans viser la perfection*.

RANDY SMITH

Nommé instructeur de l'année par la PGA en 2003, Randy Smith est pro en titre au Royal Oaks Country Club de Dallas. Sous sa tutelle, plus de 150 golfeurs juniors, dont Justin Leonard, ont obtenu des bourses d'étude collégiales reliées au golf.

RICK SMITH

Numéro 4 sur la liste des 50 meilleurs instructeurs de *Golf Digest*, Rick Smith a travaillé avec Phil Mickelson, Lee Janzen, Rocco Mediate, ainsi qu'avec plusieurs autres joueurs du circuit professionnel. Il enseigne au Treetops Resort de Gaylord, Michigan, et au club Tiburon de Naples, en Floride.

DAVID TOMS

Gagnant du championnat de la PGA en 2001 et de sept autres titres sur le circuit PGA, David Toms surclassait en 2002 ses coéquipiers de la Coupe Ryder en obtenant un résultat de 3-1-1. Cette année-là, il a joué 56 tours de moins de 70 pour mener le classement de la PGA dans cette catégorie.

WENDY WARD

Éditrice chez *Golf Digest*, Wendy Ward a remporté trois titres depuis son arrivée sur le circuit de la LPGA en 1996. Elle a participé par deux fois au tournoi de la Coupe Solheim et fut couronnée au championnat amateur féminin des États-Unis en 1994.

AVANT-PROPOS

Le golf présente plusieurs attraits. On peut se laisser charmer par ses paysages magnifiques qui nous permettent de communier avec la nature ; on peut savourer ces longues promenades de 18 trous en compagnie de vieux amis. Mais, au bout du compte, c'est la marque que nous obtenons en fin de parcours qui nous motive à jouer au golf. Tous les petits plaisirs secondaires du golf sont certes fort attrayants, mais soyons francs : quand on a fini une partie, la première chose que l'on veut savoir est : « Quel est mon pointage ? ». Immédiatement après, le golfeur moyen se dira généralement : « Si seulement j'avais fait ceci ou cela à tel trou, j'aurais pu passer la barre du 100 (ou du 90, du 80).

Le golf est une activité sociale, mais c'est aussi un sport où l'amélioration et la réussite personnelle sont à l'honneur. Demandez à un golfeur la date de son anniversaire de mariage et il aura sans doute à réfléchir quelques secondes avant de vous répondre. Mais demandez-lui la date du jour où il a passé sous la barre du 100 et il vous répondra sans hésiter en précisant le nom du parcours, les conditions météorologiques et le nom de ses partenaires de jeu. Il sera même en mesure de vous décrire en détail ses meilleurs coups de la partie.

La plupart des golfeurs vous diront en rigolant que s'améliorer au golf est devenu pour eux une obsession, mais en réalité, ils prennent leur engagement très au sérieux. Une fois qu'ils ont franchi le cap du 100, ils visent le 90, puis le 80. Les plus doués d'entre eux courtiseront ensuite le 70. Un golfeur de ma connaissance utilise une quinzaine de mots de passe électroniques et tous sont basés sur le chiffre « 68 », qui représente la seule marque de moins de 70 qu'il ait jamais obtenue. Bien qu'il ait joué cette partie il y a plus de 10 ans, encore aujourd'hui il peut vous la décrire coup par coup, dans ses moindres détails.

C'est cette quête d'excellence qui pousse les golfeurs à fréquenter les terrains et verts d'exercice, et qui les amène à consulter la chronique technique la plus populaire du magazine *Golf Digest* : « *Breaking 100, 90, 80* ». Cette chronique mensuelle répond au désir le plus fondamental de tout golfeur, qui est de caler la balle en le moins de coups possible.

Tout l'attrait et toute la beauté du golf se résument en ce simple adjectif : possible. Au début de chaque parcours, tout est possible. Peut-être allez-vous décocher le plus long coup de départ que vous ayez jamais réalisé ; peut-être allez-vous frapper le plus beau coup de votre vie avec l'un de vos fers ; peut-être allez-vous réussir votre premier trou d'un coup. Mais, au fond, ce que vous désirez par-dessus tout, c'est de réaliser la marque la plus basse que vous ayez jamais jouée.

Vous pensez sans doute qu'il est impossible pour vous d'abaisser votre marque. Peut-être croyez-vous que cela vous demanderait un effort et un niveau d'engagement que vous n'êtes pas prêt à consentir. En fait, quel que soit votre niveau actuel, vous avez déjà les capacités nécessaires pour atteindre un niveau de jeu supérieur.

Tentez l'expérience suivante : en partant des résultats que

vous avez obtenus sur votre parcours habituel, calculez votre moyenne par trou en tenant compte des fractions. Il est probable qu'en additionnant ces moyennes pour chaque trou, vous arriverez à une marque très proche ou même inférieure à votre objectif actuel.

On ne peut évidemment pas passer de 108 à 84 du jour au lendemain. Ce n'est qu'après avoir consacré beaucoup de temps et d'efforts à la pratique du golf que l'on en arrive à ce genre d'amélioration. Cela dit, vous n'aurez pas à changer votre alimentation, à acheter de nouveaux équipements ou à cogner des balles pendant six mois sur le terrain d'exercice pour passer des 90 aux 80. Vous êtes capable de franchir ce cap dès maintenant, sans avoir à changer radicalement votre façon de jouer.

Votre situation n'est pas différente de celle de certains golfeurs professionnels qui, après une longue période sans succès, se mettent soudain à gagner des tournois. David Duval a joué pendant près de trois ans sur le circuit professionnel avant de remporter sa première victoire ; il a ensuite remporté huit tournois dans les quinze mois qui ont suivi ce premier triomphe. Il dit qu'à un certain moment, il s'est rendu compte qu'il n'avait pas à faire quoi que ce soit de spécial pour gagner. Tout ce qu'il avait à faire, c'était de se laisser aller et de jouer comme il le faisait habituellement.

Les étapes décisives dans l'évolution d'un golfeur ne surviennent pas seulement sur la carte de pointage, mais dans tous les aspects du jeu. Ainsi, un ami vous dira : « J'ai enfin réussi à envoyer mon coup de départ par-dessus la butte au premier trou ! » Ou encore : « C'est la première fois que je touche le vert à partir de cette fosse de sable ! » « J'ai atteint le vert en deux coups au 4e trou ! » vous annoncera un autre. Chaque facette du jeu offre au golfeur des occasions de s'améliorer. *Franchir le cap du 100, du 90 et du 80* vous aidera à élever votre niveau de jeu, que ce soit au tertre de départ, sur l'allée, dans les fosses ou sur le vert. Votre performance s'améliorera sous tous ses aspects et, ce qui est encore plus important, vos marques baisseront en conséquence.

Cela, nous vous le garantissons.

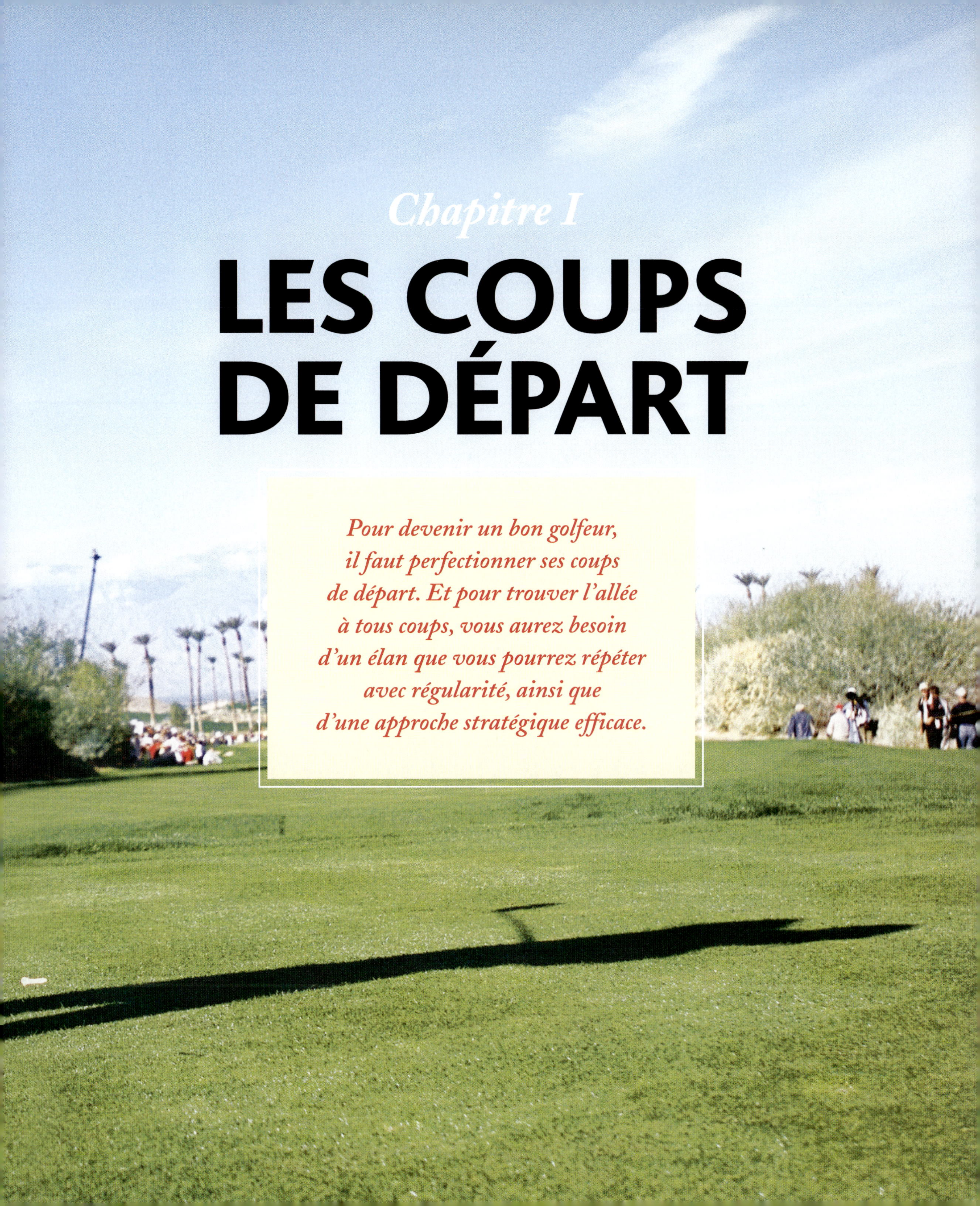

Chapitre I

LES COUPS DE DÉPART

Pour devenir un bon golfeur, il faut perfectionner ses coups de départ. Et pour trouver l'allée à tous coups, vous aurez besoin d'un élan que vous pourrez répéter avec régularité, ainsi que d'une approche stratégique efficace.

LES COUPS DE DÉPART

Trouver l'allée plus souvent

Pour obtenir de bonnes marques au golf, il faut cogner des coups de départ solides et précis. Une bonne décoche en plein centre de l'allée vous permettra de jouer votre prochain coup à partir d'une position optimale. La qualité de vos coups de départ influencera également votre attitude mentale et votre approche stratégique. Le golfeur qui fait un mauvais coup de départ aura bien du mal à revenir en bonne position et aura toujours l'impression d'avoir à se rattraper. Chaque fois que vous manquez l'allée, vous ajoutez au moins un coup à votre pointage final.

L'avantage du coup de départ est qu'il vous permet de vous élancer avec un maximum de puissance à partir d'une position de balle idéale. Profitez de cette chance unique en adoptant une bonne attitude mentale et une stratégie adéquate, et en peaufinant votre séquence préparatoire.

Le choix du bâton est un aspect crucial du coup de départ. Les bois numéro 1 à manche allongé et à tête surdimensionnée que l'on retrouve aujourd'hui sur le marché sont particulièrement indulgents ; par contre, ils n'assurent pas nécessairement la plus grande précision et ne vous permettront pas nécessairement de claquer la balle sur une plus grande distance. Choisissez un bâton qui vous permettra de vous élancer confortablement tout en vous donnant la distance et la précision dont vous avez besoin.

Pages précédentes : Les coups de départ de Tiger Woods sont un mélange parfait de contrôle et de puissance.

Étoile montante du circuit de la PGA, Aaron Baddeley assène de solides coups de départ.

Comment trouver l'allée plus souvent sans changer votre élan

VISEZ UN CÔTÉ DE L'ALLÉE

Tout golfeur a une tendance naturelle quant à la trajectoire de sa balle : certains font incurver leur balle de droite à gauche ; d'autres, de gauche à droite. Ce que vous faites n'a pas d'importance, du moment que vous tenez compte de votre tendance naturelle. Si vous faites souvent des crochets extérieurs, placez votre balle du côté droit du tertre de départ et visez à gauche du trou. La trajectoire de votre balle courbera alors tout naturellement vers le centre de l'allée.

L'alignement selon Randy Smith.

ÉVITEZ LES OBSTACLES DÈS LE DÉPART

S'il y a un obstacle à la droite de l'allée, placez votre balle à droite sur le tertre de départ. Si l'obstacle se trouve à gauche, placez la balle à gauche. De cette façon, la trajectoire de la balle aura toujours tendance à s'éloigner de l'obstacle.

RÉDUISEZ LA CIBLE

Vos coups seront plus précis si vous choisissez une cible plus petite. La prochaine fois que vous vous retrouverez devant une allée plutôt large, imaginez-la beaucoup plus étroite qu'elle ne l'est réellement. Déterminez un point précis sur l'allée et essayez de l'atteindre. Même si vous ne faites pas mouche, votre balle arrivera sans doute très près de la cible que vous visiez.

La visualisation selon Janet Coles.

La prise et la posture : les deux ingrédients essentiels d'un bon coup de départ

TENEZ LE BÂTON AVEC LES DOIGTS, ET NON AVEC LA PAUME

Répétez votre prise à la moindre occasion – lorsque vous regardez la télé, par exemple. Les joueurs droitiers commenceront par la main gauche. Tenez le bâton de façon que la poignée soit positionnée en diagonale en partant de la base de l'auriculaire jusqu'au centre de l'index. Ne posez pas la poignée dans la paume de votre main, même si vous vous sentez plus à l'aise de cette façon, car cela produirait une prise plus rigide et réduirait la mobilité au niveau du poignet. Maintenant que vous agrippez correctement le bâton, soulevez-le devant vous. Vous devriez voir deux ou trois jointures de votre main gauche et votre poignet gauche devrait être fléchi. Sentez-vous comment le poids du bâton repose sur les trois derniers doigts de votre main gauche ? À partir de cette position, vos poignets pourront pivoter correctement.

La posture selon Jane Crafter.

NE CHANGEZ PAS L'ANGLE DE VOTRE DOS

Si, au moment de l'impact, la tête du bâton revient à la même position qu'elle occupait lors de la prise de position initiale, c'est que vous n'avez pas changé l'angle de votre dos. Vous obtiendrez alors un contact solide avec la balle. Lors de la transition entre la montée et la descente, ne vous redressez pas et gardez votre jambe droite fléchie. Votre genou droit doit lui aussi demeurer fléchi, ce qui vous permettra de bien transférer votre poids vers la gauche au moment de l'impact. Les angles formés par les différentes parties de votre corps doivent demeurer les mêmes tout au long de l'élan.

PASSEZ À L'ACTION

Pour obtenir un bon contact avec la balle, vous devez adopter une posture athlétique à la prise de position initiale. Inclinez le buste vers l'avant en gardant votre dos droit et ne voûtez pas les épaules. Distribuez votre poids uniformément sur toute la longueur du pied, et non uniquement sur les talons. Vos genoux doivent être fléchis. Soyez comme un plongeur qui est sur le point de s'élancer d'un tremplin.

Comment claquer la balle solidement et avec constance

Le plan de l'élan selon Hank Haney.

UN ÉLAN PLUS HORIZONTAL QUE VERTICAL

Le golfeur qui veut passer sous la barre du 100 doit éviter les coups gras, les balles calottées, les coups de départ en chandelle et autres coups désastreux. Pour frapper la balle solidement avec un fer, il faut adopter un angle d'attaque relativement abrupt à la descente. Par contre, avec les bois, la tête du bâton doit attaquer directement l'arrière de la balle, ou encore l'aborder en un mouvement légèrement ascendant. Quel que soit le type de bâton utilisé, il est difficile d'obtenir un contact solide si l'angle d'attaque est trop prononcé. Le plan de l'élan n'est pas vertical (de haut en bas), mais suit une trajectoire plutôt horizontale qui décrit un arc autour du corps du golfeur (voir photo de gauche). Bien que ce principe vaille aussi pour les coups avec fers, il s'applique particulièrement dans le cas des bois, qui sont des bâtons plus longs.

TRANSFÉREZ VOTRE POIDS À LA MONTÉE

Quand un golfeur effectue un pivot de retrait, son poids demeure sur le pied avant à la montée. De là, il est très difficile de frapper la balle solidement et avec constance. Un bon élan doit se dérouler ainsi : le golfeur se place de façon que la balle soit au centre de sa position de pieds, puis il fait pivoter son torse vers l'arrière. Si vous exécutez le mouvement et le transfert de poids correctement, vous ressentirez une légère tension à l'intérieur de la jambe droite. Une fois arrivé au sommet de l'élan, vous aurez l'impression de ne pas pouvoir rester dans cette position plus de quelques secondes.

ADIEU AUX MARQUES « GLACIALES »

Pour jouer régulièrement dans les 90, vous devez éliminer de votre carte de pointage les trous catastrophiques joués en 8 ou 10 coups, qui sont à vous en faire frissonner d'horreur.

Commencez chaque trou du bon pied

LES BOIS D'ALLÉE POLYVALENTS

Rien n'est plus désastreux pour un golfeur qu'un coup de départ hors limites. Au lieu de tenter le tout pour le tout avec un bois 1, employez un bois d'allée polyvalent. Vous obtiendrez une belle envolée et vos coups seront plus droits. Sur le tertre de départ, le bois d'allée inspire la confiance du fait qu'il facilite la tâche du golfeur. Comme la balle ne déviera pas trop si vous ne la frappez pas franchement, votre coup aura plus de chances de rester dans l'allée.

POUR UN CONTACT SOLIDE, CONTRÔLEZ VOTRE ÉLAN

Tout golfeur doit résister à l'envie de frapper la balle de toutes ses forces. Posez la balle sur le té de manière que sa moitié supérieure soit au-dessus de la face du bâton ; votre talon gauche doit légèrement devancer la balle. Exécutez ensuite un élan fluide et rythmé en n'utilisant que 75 pour cent de votre puissance maximale. Si vous voulez contrôler la distance, arrêtez le mouvement aux trois quarts de la montée. Vous générerez ainsi toute la puissance dont vous avez besoin – du moment que vous effectuez une rotation complète des épaules à la descente et au dégagé, bien entendu. En contrôlant ainsi votre élan, vous aurez plus de chances de maintenir un équilibre optimal, de rester derrière la balle au moment de l'impact et, surtout, de trouver l'allée.

La cadence de l'élan selon Butch Harmon.

Soyez réaliste quant à vos aptitudes avec le bois numéro 1

LA MALÉDICTION DU BOIS N^{O} 1

Lors d'une étude effectuée sur un échantillon de 1 200 golfeurs, aucun golfeur ayant un handicap de 14 ou plus n'est arrivé à garder dans l'allée 50 pour cent des balles frappées à l'aide d'un bois 1. Cette statistique est particulièrement alarmante considérant qu'il vous en coûte au moins un coup chaque fois que vous manquez l'allée. Les coups de départ effectués avec le bois 1 ne contribuent donc pas à abaisser le handicap du golfeur moyen.

LE BOIS 3 : UN BÂTON PUISSANT

Plus vous serez à l'aise avec un coup donné et plus vous aurez de chances de bien l'exécuter. Or, le bâton de départ que le golfeur jouant dans les 100 manie avec le plus d'aise est le bois n° 3. En plus de faciliter l'envolée, le bois 3 imprime plus d'effet rétro et moins de rotation latérale à la balle, ce qui produira une trajectoire moins incurvée. Le bois 3 est plus lourd et a un manche plus court que le bois 1. Or, un bâton plus lourd donnera plus de puissance au golfeur qui n'a pas l'habitude de générer beaucoup de vélocité en s'élançant.

Le choix du bâton selon Chuck Cook.

CHOISIR UNE CIBLE SÛRE

À la visée, choisissez une cible que vous pourriez atteindre en faisant rouler la balle. Ne visez jamais par-dessus des arbres, des obstacles d'eau ou des fosses de sable, à moins que ce ne soit absolument nécessaire. Vous vous sentirez plus en confiance si vous savez que, même si vous manquez votre coup, votre balle aboutira tout de même en bonne position.

L'ASPECT MENTAL DU JEU

BOB ROTELLA ET SA VISION DU BOIS 1

Bien des golfeurs prétendent qu'ils veulent passer la barre du 100, mais en les regardant jouer on a envie de leur dire : « Votre objectif n'est pas de jouer moins que 100 puisque vous frappez tous vos coups de départ avec le bois 1 et que vous semblez incapable de les envoyer dans l'allée. Votre véritable objectif est plutôt de jouer chaque coup de départ avec le bois 1. » Ce n'est pas une bonne stratégie que d'espérer jouer la meilleure partie de votre vie avec le bâton le plus difficile à maîtriser de votre arsenal. Soyez honnête avec vous-même : vous n'avez probablement jamais frappé 14 bons coups d'affilée avec le bois 1 sur le terrain d'entraînement. Alors, qu'est-ce qui vous fait croire que vous êtes capable de le faire durant une vraie partie ? Continuez de vous entraîner avec le bois 1, mais quand vous jouez, faites vos coups de départ avec un bois d'allée polyvalent. Vos coups de départ trouveront l'allée plus souvent et vous obtiendrez des marques plus basses. Or, n'est-ce pas là votre réel objectif ?

Quelques trucs qui vous permettront d'améliorer votre technique

L'entraînement selon Johnny Miller.

UNE IMAGE VAUT MILLE MOTS

La technologie vidéo peut informer le golfeur quant à l'état de son élan. Plusieurs écoles de golf disposent d'un système vidéo sophistiqué (voir ci-dessous) qui permet au golfeur de voir comment il s'élance, puis de comparer son élan à celui de joueurs chevronnés. Pour le golfeur qui n'a jamais vu son élan, une simple caméra vidéo ou un miroir fera tout aussi bien l'affaire. Si vous voulez franchir le cap du 100, vous devez porter une attention particulière à tous les aspects de votre position initiale, soit: la prise; la position de la balle; l'angle du dos; le fléchissement des genoux; et l'alignement des pieds, des genoux, des hanches et des épaules. Assurez-vous que vous ne modifiez pas votre posture durant l'élan et concentrez-vous sur les sensations physiques que vous ressentez quand vous vous élancez correctement.

FRAPPER EN DIRECTION DU COUCHANT

Les golfeurs médiocres se préoccupent trop de l'issue du coup quand ils frappent la balle. Par conséquent, ils deviennent tendus et agrippent leur bâton avec trop de force. Voici une solution intéressante à ce problème: exercez-vous à frapper des balles en direction du soleil couchant (ou levant). Aveuglé par le soleil, vous ne pourrez pas suivre avec anxiété la trajectoire de votre balle, ce qui fait que vous vous concentrerez mieux sur ce que vous ressentez en vous élançant et en claquant la balle. Cette attitude détendue vous incitera à alléger votre prise et à frapper la balle plus solidement.

LA DIFFÉRENCE ENTRE UN COUP DE CHANCE ET UNE RÉELLE AMÉLIORATION

Bien des gens croient qu'ils ont franchi une nouvelle étape dans leur développement de golfeur simplement parce que, lors d'une partie magique, ils ont joué au-dessus de leur capacité et ont fracassé leur record personnel. Bien souvent, il s'agit davantage d'un coup de chance que d'une réelle amélioration. Si ces personnes avaient réalisé un progrès durable, elles joueraient chaque jour à ce niveau. Or, pour progresser réellement, il faut étudier avec un moniteur qualifié.

Tout autant que vous, votre instructeur veut que vous progressiez. Bien qu'il soit souhaitable que le moniteur prenne les rênes une fois la leçon commencée, il serait bon que vous discutiez du contenu des leçons avec lui au préalable. Si vous êtes un golfeur de handicap moyen ou élevé, dites-lui que vous voulez vous concentrer sur les rudiments de base, c'est-à-dire la prise, la posture, l'alignement et la position de la balle.

L'alignement est particulièrement important. Pour vous exercer à cet aspect du jeu, posez deux bâtons parallèlement sur le sol comme le golfeur de la photo ci-dessus. Le golf s'apparente au tir à la carabine en ce sens que, dans un cas comme dans l'autre, il faut viser correctement pour atteindre sa cible.

N'oubliez pas que la voie de l'amélioration au golf est un processus systématique. Pour en venir à progresser rapidement, il faut commencer par apprendre les rudiments.

AMÉLIOREZ VOTRE JEU

90

La séquence d'élan de David Toms : un rythme parfait

VOS BRAS ET VOTRE CORPS DOIVENT S'ÉLANCER À L'UNISSON

Bien des bons golfeurs parlent de l'importance de garder le bâton « devant » soi. Ce qu'ils veulent dire par là, c'est qu'il faut effectuer une montée fluide au cours de laquelle les bras demeureront devant le torse aussi longtemps que possible. De cette façon, le corps, les bras et les mains travaillent à l'unisson. Selon l'instructeur de golf Rob Akins (voir ci-dessous), l'élan de David Toms illustre à merveille ce principe. Quand David exécute son élan correctement, il n'a qu'à faire pivoter ses hanches vers la cible à la descente pour produire un coup d'une grande précision. À la fin du mouvement, ses hanches font face à la cible. Pendant que ses hanches pivotent, ses bras, ses mains et le bâton lui-même ne font que suivre le mouvement. En procédant ainsi, David n'a pas à manipuler la tête de bâton juste avant l'impact pour qu'elle soit perpendiculaire à la cible.

On dit parfois d'un golfeur qui pratique ce genre d'élan qu'il « s'élance avec le corps » parce que ce sont les épaules à la montée et les hanches au dégagé qui font tout le travail. On pourrait aussi qualifier l'élan de David d'« élan rythmique » puisque ses mains et ses bras suivent le rythme de son corps. David a perfectionné sa cadence à un point tel qu'il n'a qu'à ajuster légèrement son alignement et sa prise pour changer la trajectoire de sa balle.

David Toms travaillant avec Rob Akins, un instructeur spécialiste de l'élan.

AMÉLIORER VOTRE JEU
90

Ne gâchez pas votre cadence pour un surplus de distance

RÉDUISEZ L'AMPLITUDE

Lorsque confrontés à un trou particulièrement long, bon nombre de golfeurs néophytes croient qu'ils doivent frapper la balle de toutes leurs forces pour l'envoyer le plus loin possible. Ce qu'ils ignorent, c'est qu'un élan où le bâton dépasse la parallèle au sommet de la montée produit l'effet contraire. De plus, un élan exagéré ne permet pas de frapper la balle avec précision. Le golfeur qui s'élance ainsi aura tendance à désarmer ses poignets trop tôt, ce qui entraîne une perte de puissance. Bref, vous frapperez la balle plus loin si vous restez détendu et réduisez l'amplitude de votre élan.

POUDREZ LA BALLE

Pour savoir si la balle touche la zone de frappe idéale, recouvrez la face de votre bâton d'une couche de poudre. Les boutiques de golf vendent un produit en aérosol spécialement conçu à cet effet, mais vous pouvez tout aussi bien utiliser du talc. Un ruban adhésif spécial à appliquer sur la face de fers et bois est également disponible.

L'amplitude de l'élan selon Dean Reinmuth.

ÉLANCEZ-VOUS LIBREMENT

Vous vous élancez probablement de façon plus détendue sur le terrain d'exercice que lors d'une partie sérieuse où il y a enjeu. Pour bien jouer en toutes circonstances, il est important que vous fassiez abstraction de vos émotions et que vous laissiez les choses aller. Lorsque vous vous exercez, essayez de trouver une cadence avec laquelle vous êtes à l'aise et qui vous permet de vous élancer librement, sans effort. Une fois que vous aurez trouvé cette cadence, vous pourrez l'utiliser et la reproduire lors de votre prochain match important.

La cadence selon Butch Harmon.

LE SECRET DE L'AMORCER

Pour obtenir un élan précis, il est essentiel de peaufiner la cadence et le rythme du mouvement. Quand vous vous apprêtez à faire un coup de départ, imaginez qu'il y a des roulettes sous la tête de votre bois 1. Imaginez ensuite que votre bâton roule vers l'arrière à l'amorcer et que les roulettes restent sur le sol pour les 30 premiers centimètres du mouvement. Cette technique de visualisation vous permettra de garder la tête du bâton au ras du sol à l'amorcer et vous incitera à attaquer la montée avec les bras plutôt qu'avec les épaules.

Comment obtenir une trajectoire de balle plus droite et plus basse

LA LIGNE DROITE EST TOUJOURS LE CHEMIN LE PLUS COURT

Il est important que votre élan vous permette de frapper des coups parfaitement droits. Imaginez que vous devez envoyer votre balle le long d'une allée étroite bordée d'arbres — l'avenue des chênes du parcours de Sea Island en Georgie, par exemple. Au début, vous aurez sans doute l'impression d'avoir à exécuter un coup amorti pour que la balle demeure dans les confins d'un espace si limité, mais vous parviendrez éventuellement à vous élancer puissamment tout en contrôlant le mouvement.

La visualisation selon Scott Davenport.

RÉDUISEZ VOS CROCHETS EN POSITIONNANT LA BALLE CORRECTEMENT

Pour obtenir un contact solide avec le bois 1, il faut que vous placiez votre balle à hauteur de votre talon gauche. Si vous la placez plus près de votre pied arrière, vous aurez tendance à abattre la tête du bâton sur la balle, ce qui vous fera perdre de la distance ; ou alors votre descente s'effectuera de l'extérieur vers l'intérieur, ce qui produira généralement un coup intérieur ou un crochet extérieur en chandelle.

UN BON ÉQUILIBRE

Tenez-vous comme un athlète prêt à entrer en action. Pour pouvoir pivoter librement, vous devez distribuer votre poids de façon égale de l'arrière du talon à la partie antérieure du pied.

La tête du bâton doit faire face à la cible au moment de l'impact

VÉRIFIER L'ANGLE DE LA FACE AVEC UN BÂTON DE HOCKEY

Il est difficile de voir dans quelle position se trouve la face du bâton quand on est occupé à s'élancer. La palette large d'un bâton de hockey vous sera ici d'une grande utilité. Appliquez votre prise habituelle, puis balancez le hockey d'avant en arrière en vous arrêtant à hauteur des hanches. Si le dos de votre main gauche est perpendiculaire à la cible à l'impact, ce qui est la position désirée, la palette du hockey devrait, elle aussi, être perpendiculaire à la cible.

La position de la face selon Mark Winkley.

VOIR TROIS JOINTURES

Vous devriez être en mesure de voir trois jointures de votre main gauche quand vous agrippez le bâton. Cela vous aidera à garder la tête du bâton perpendiculaire à la cible à l'impact, ce qui transférera davantage d'énergie à la balle. Cette méthode vous permettra aussi d'armer les poignets correctement pour que le bâton soit en bonne position au sommet de la montée. Utilisez une prise chevauchée, entrecroisée ou juxtaposée, selon votre préférence.

COMMENT ÉVITER LES CROCHETS INDÉSIRABLES

Dans la photo ci-dessous, la position du golfeur produira nécessairement un crochet extérieur : la prise incorrecte fait que la face du bâton a un angle d'ouverture trop prononcé ; les épaules sont alignées à gauche de la cible ; et les mains sont situées à l'arrière de la balle. De cette position, l'élan aura un angle d'attaque aigu et la face du bâton brossera la balle latéralement au lieu de la frapper bien à plat (voir ci-contre). Par conséquent, le coup manquera de puissance et la balle courbera vers la droite. En adoptant cette position, vous sacrifiez distance et précision.

Une bonne position initiale vous permettra de rectifier ces mauvaises habitudes :

- Vos pieds et vos épaules doivent être parallèles à la ligne de visée ;
- Inclinez légèrement le dos vers la droite pour que la tête du bâton puisse suivre un tracé allant de l'intérieur vers l'extérieur à la descente ;
- Veillez à ce que vos mains devancent légèrement la balle.

Cette position vous permettra de faire pivoter le haut de votre corps sans changer la position de vos jambes. L'impression que vous ressentirez alors en vous élançant est celle d'un ressort qui se tend. Votre élan suivra un plan plus horizontal que vertical, ce qui produira un contact plus solide avec la balle.

Les crochets extérieurs indésirables selon Don Hurter.

Comment se débarrasser d'un crochet extérieur indésirable

LES EXERCICES PRATIQUES

La trajectoire de l'élan selon Josh Zander.

UNE TRAJECTOIRE D'ÉLAN INTÉRIEURE/ EXTÉRIEURE

Bien des golfeurs, incluant ceux qui ont une tendance au crochet extérieur, ont entendu dire qu'un bon élan se doit d'attaquer la balle de l'intérieur. Sachant cela, ils font l'erreur de manipuler leur bâton pour l'amener à l'intérieur juste avant l'impact. Par conséquent, à la descente, la tête du bâton voyage de l'extérieur de l'axe de visée vers l'intérieur pour frapper la balle de biais à l'impact. Si la face du bâton est fermée à l'impact, il en résultera un coup intérieur. Si la face est perpendiculaire à l'axe de visée à l'impact, la balle filera d'abord en ligne droite, puis effectuera un léger crochet extérieur. Si la face est ouverte à l'impact, vous obtiendrez un coup en chandelle très faible et très incurvé vers l'extérieur.

L'exercice suivant vous aidera à rectifier ce problème. Déposez une balle sur le sol environ 30 cm derrière la balle que vous frappez. Placez une troisième balle, plus près de vous et sur la même ligne, à 10 cm de la deuxième. Si la trajectoire de votre élan est correcte, la tête de votre bâton passera au-dessus de la deuxième balle à l'amorcer, puis au-dessus de la troisième à la descente.

UN BON TRUC

Le golfeur qui veut se défaire d'une tendance au crochet extérieur n'a qu'à mettre sa montre à l'envers. S'il s'élance correctement, il devrait voir la face de sa montre au dégagé.

UTILISEZ VOS BRAS POUR PRODUIRE UN CROCHET INTÉRIEUR

Pour transformer vos crochets extérieurs en crochets intérieurs, concentrez-vous sur la position de votre avant-bras gauche au moment de l'impact. En employant un fer moyen et en déposant la balle directement sur le sol plutôt que sur un té (cela afin de mieux simuler les conditions de jeu habituelles), élancez-vous de manière que votre avant-bras gauche « roule » sous votre avant-bras droit à l'impact. Au dégagé, l'avant-bras droit doit effleurer l'avant-bras gauche. Le mouvement de vos bras doit être plus rapide que celui de votre corps à la descente et la tête du bâton doit pivoter pour se refermer au moment de l'impact.

Le crochet intérieur selon Janet Coles.

Transformez vos crochets extérieurs en légers crochets intérieurs

UNE FACE FERMÉE À LA MONTÉE...

Quantité de golfeurs amateurs essaient de produire un crochet intérieur léger en faisant pivoter leurs mains à l'impact, ce qui est très mauvais. Pour obtenir un crochet intérieur contrôlé, vous devez sentir que la tête de votre bâton est fermée à l'amorcer. Cela vous aidera à garder la tête du bâton perpendiculaire à la cible et à enrayer la tendance naturelle qui est d'ouvrir la face. Cette méthode vous empêchera de manipuler le bâton à la montée et vous donnera un tracé intérieur/extérieur à la descente.

Le crochet intérieur selon Scott Davenport.

... ET OUVERTE À LA DESCENTE

À la montée, vous devez sentir que la face du bâton est fermée. Par contre, à la descente, vous devez sentir que la face s'ouvre progressivement. Remarquez que cela ne veut pas dire que vous devez faire pivoter vos mains à l'impact. Gardez votre coude droit près du corps, ce qui vous aidera à attaquer la balle de l'intérieur et à produire une trajectoire d'élan circulaire. Imaginez que votre bâton est un fouet qui se déroule graduellement pour claquer au moment de l'impact.

LES SECRETS DE L'ÉQUIPEMENT

EXPÉRIMENTER DIFFÉRENTES LONGUEURS DE BÂTON

La plupart des amateurs savent qu'ils doivent choisir un bâton doté d'un degré de flexibilité adéquat, mais je parie que 90 pour cent d'entre eux ne pourraient pas me dire la longueur de leur bois n° 1. Ces dernières années, les manufacturiers ont allongé leurs bois 1, prétendument parce que cela permet au golfeur d'obtenir plus de distance. Le problème est que plus un bâton est long, plus il est difficile à contrôler.

Il fut un temps où la longueur normale d'un bois 1 était de 110 cm. Aujourd'hui, cette longueur a été portée à 115 cm. Avant d'acheter un bâton, essayez-en quelques-uns à tige plus courte. Ce que vous perdrez en distance, vous le gagnerez en précision. (Remarquez qu'il est possible que vous gagniez en distance avec un bâton plus court puisque vous aurez tendance à frapper la balle plus solidement.)

Si Charles Howell III génère tant de puissance et de précision, c'est parce que la rotation de son corps et le mouvement de ses bras forment un tout fluide et parfaitement dosé. Le synchronisme parfait de son élan produit un effet de torsion et de levier optimal, tout en permettant un contact extrêmement précis avec la balle.

Pour devenir un bon golfeur, il faut travailler son élan

MIROIR, MIROIR SUR LE MUR...

Nombreux sont les golfeurs qui ont appris à jouer en déposant un exemplaire de *Golf Digest* sur le sol, puis en imitant les positions illustrées dans la revue tout en s'observant dans une glace. Le miroir est un excellent outil d'apprentissage pour le golfeur qui veut procéder à certains ajustements dans sa position initiale. En faisant face au miroir, vous pouvez vérifier votre position par rapport à la balle — chose que les professionnels font constamment. En vous plaçant de côté, vous pouvez vérifier votre posture (voir photo ci-contre). Votre dos doit être droit, votre buste penché vers l'avant, vos bras doivent pendre librement et vos genoux doivent être légèrement fléchis.

TOUT CONSEIL N'EST PAS BON À PRENDRE

Les golfeurs sont des gens crédules. Un golfeur qui a du mal à bien frapper la balle prendra souvent la mauvaise habitude d'écouter les conseils de tout un chacun. Ignorez les « conseils d'ami », à moins que l'ami en question n'ait une connaissance approfondie de l'élan. Sachez que les conseils prodigués par d'autres amateurs n'auront probablement rien à voir avec votre problème réel.

ÉVITEZ LA FATIGUE À L'ENTRAÎNEMENT

Ne forcez pas la note sur le terrain d'exercice. Arrêtez dès que vous vous sentez fatigué, et ce, même si vous n'avez pas réglé votre problème d'élan ou si vous n'avez pas utilisé toutes vos balles. La fatigue peut vous amener à développer des mauvaises habitudes.

La position initiale selon Rick Smith.

DES ÉQUIPEMENTS QUI PEUVENT VOUS AIDER À PARFAIRE VOTRE ÉLAN

Une fois que vous aurez identifié les lacunes de votre élan, demandez à votre instructeur de vous recommander des équipements d'entraînement spécialisés qui vous aideront à implanter les changements qui s'imposent. Il est très important que la face de bâton soit en bonne position au sommet de la montée. Si c'est le cas, le bord d'attaque du bâton formera un angle de 45 degrés avec le sol, votre poignet gauche sera bien droit et votre avant-bras gauche formera lui aussi un angle de 45 degrés avec le sol.

Maintenant que vous avez confiance en votre élan, parlons stratégie

BIEN CHOISIR SON COUP

À ce stade de votre développement, c'est votre capacité d'analyse qui, beaucoup plus que votre technique, vous permettra d'améliorer votre handicap. Puisque votre élan est solide, il est capital que vous utilisiez vos coups de départ à bon escient. Songez que ce que vous faites avant de vous élancer est aussi important que l'élan lui-même.

Choisissez vos coups avec soin et adoptez une stratégie qui vous permettra de capitaliser sur vos aptitudes tout en minimisant l'impact de vos faiblesses. Dans l'exemple ci-dessous, vous éviterez l'obstacle d'eau en frappant un léger crochet extérieur. Visualisez le coup avant de l'exécuter et faites de la visualisation une partie intégrante de votre séquence préparatoire.

S'ÉLANCER EN SOUPLESSE

Avant de jouer, faites des exercices d'assouplissement visant tous les principaux groupes musculaires. Il ne suffit pas de faire quelques moulinets avec un bâton lesté pour pouvoir ensuite s'élancer en souplesse.

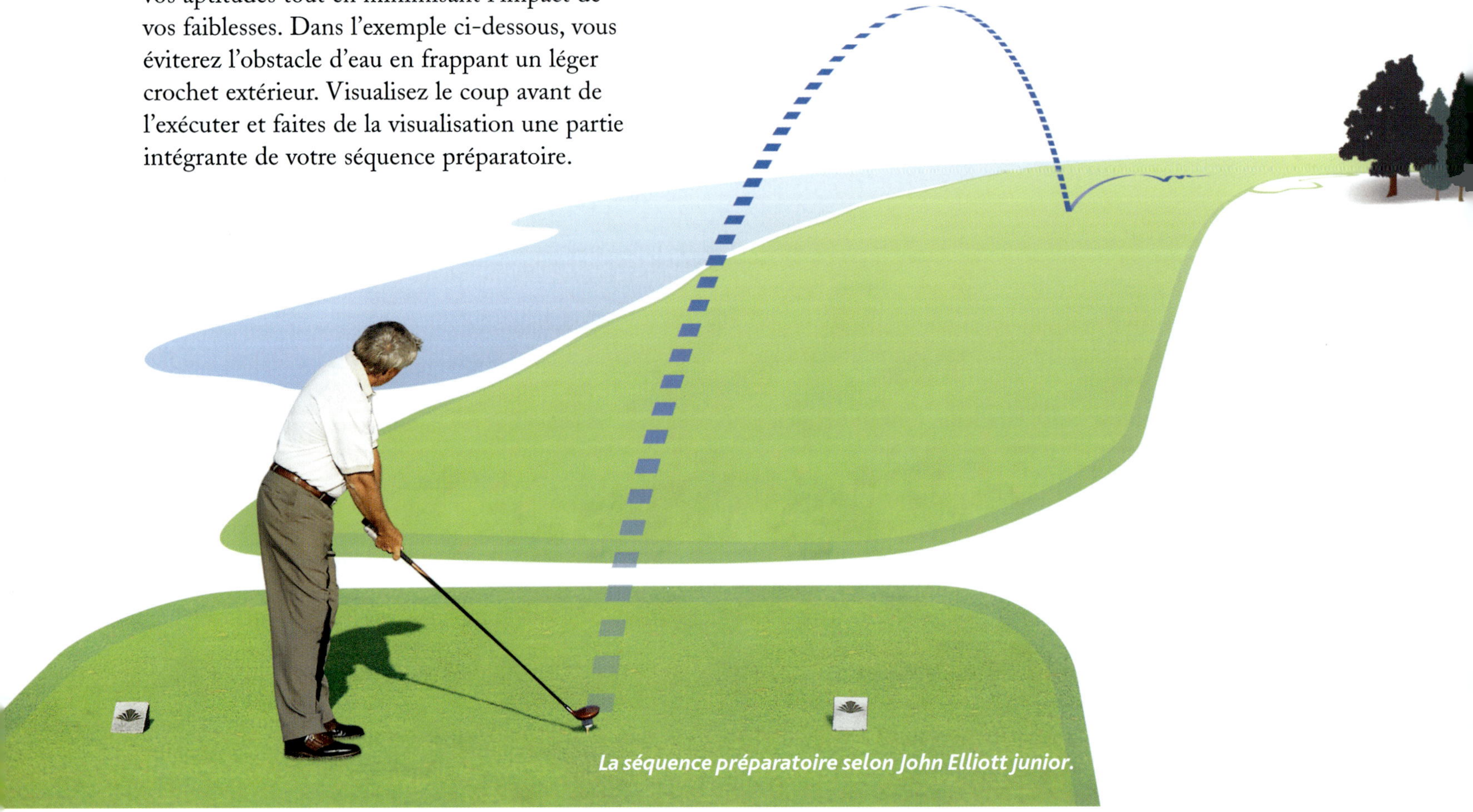

La séquence préparatoire selon John Elliott junior.

IMAGINEZ LE PREMIER TROU

Avant de quitter le terrain d'exercice pour jouer une partie proprement dite, «jouez» le premier trou plusieurs fois dans votre esprit. Visualisez votre séquence préparatoire et la trajectoire de votre coup de départ. Répétez le processus pour le coup suivant. Vous pouvez même jouer le deuxième trou de cette façon dans votre esprit. Durant la séance d'échauffement qui précède une partie, Tiger Woods joue mentalement tous les coups qu'il aura à exécuter au premier trou. Cela lui procure l'assurance dont il a besoin pour bien exécuter son premier coup de départ.

TOUT EST DANS LA CONCENTRATION

Maintenant que vous avez bien réfléchi à ce que vous allez faire, exécutez un seul élan préparatoire, puis oubliez tous les détails qui encombrent votre esprit. Concentrez-vous sur un seul aspect de votre élan ou sur une sensation physique en particulier. Ce type de concentration sélective vous aidera à bien exécuter le mouvement et à frapper la balle solidement, tel que vous l'avez imaginé.

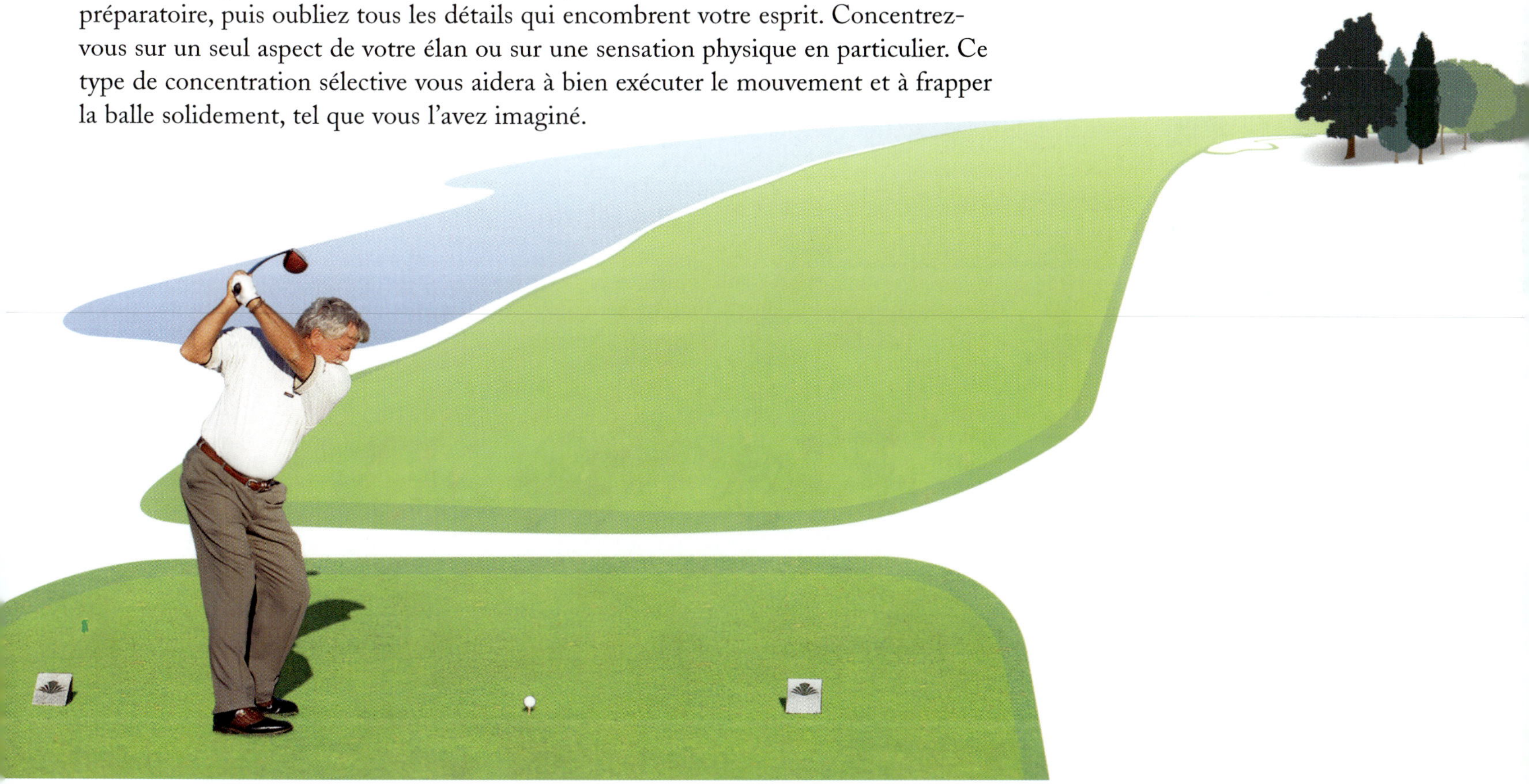

Exercez-vous sur le terrain d'exercice, mais aussi sur le parcours proprement dit

L'entraînement sur le parcours selon Peter Kostis.

TRAVAILLEZ VOS FAIBLESSES

Quel que soit votre niveau de jeu, vous devez avoir une vision réaliste de vos capacités si vous voulez vous améliorer. En adoptant cette attitude, vous serez plus enclin à travailler vos faiblesses au lieu de passer votre temps à vous exercer à ces aspects de votre jeu que vous maîtrisez déjà.

Les deux méthodes suivantes vous permettront d'évaluer vos capacités réelles sur le parcours :

Jouez une partie avec deux balles. Après avoir frappé deux coups de départ à partir du tertre, jouez la balle qui est en meilleure position. Si vous jouez chaque trou ainsi, votre pointage final sera le reflet de votre potentiel réel. Vous verrez que vous gagnerez vite en assurance en vous prêtant à ce petit jeu.

Le second jeu se joue également à deux balles, mais il a pour but de vous révéler vos faiblesses. Vous jouerez cette fois la balle se trouvant en moins bonne position après le coup de départ. Si vos deux balles atterrissent dans l'allée en bonne position mais que vous ne pouvez pas toucher le vert en deux tentatives, c'est que vous avez besoin de travailler vos coups avec fers. Si vos deux coups de départ aboutissent hors limites, c'est que vous devez travailler vos décoches. En pareil cas, vous pourrez commencer à rectifier le problème en jouant plus souvent avec votre bois 3.

FRÉQUENTEZ LES GROS CANONS

Au golf, on apprend beaucoup en jouant sous pression. Si vous voulez obtenir de meilleures marques, il est essentiel que vous jouiez contre des golfeurs meilleurs que vous. Non seulement aurez-vous à donner le meilleur de vous-même, mais vous apprendrez beaucoup simplement en les regardant jouer.

La gestion de parcours selon Dean Reimuth.

JOUEZ AVEC QUATRE BÂTONS SEULEMENT

Quel que soit votre niveau de jeu, vous pouvez apprendre de précieuses leçons concernant l'élan et la gestion de parcours en jouant des parties avec quatre bâtons seulement, soit: le fer 7, le fer 5, le cocheur de sable et le fer droit. Utilisez le fer 5 pour les coups longs, le fer 7 pour les coups d'approche et le cocheur en bordure du vert. Élancez-vous de la même façon avec chacun de ces bâtons.

Cet exercice vous permettra de constater que les choses deviennent beaucoup plus faciles quand on n'est pas toujours en train d'envoyer la balle hors limites.

L'HEURE DU TÉ

Avant d'effectuer un coup avec un fer, déposez la balle sur un té que vous aurez enfoncé au ras du sol. En frappant ainsi la balle d'une position idéale, vous découvrirez la distance et la trajectoire de balle qui vous sont propres, et ce, pour chacun de vos fers.

Karrie Webb, circuit de la LPGA

UNE PREMIÈRE MÉMORABLE

Je ne suis pas certaine de pouvoir me souvenir de la première partie que j'aie jamais jouée ; par contre, je me souviens très bien de ma première compétition. Ces 18 trous-là, je ne les oublierai jamais.

J'avais 8 ans quand j'ai disputé mon premier tournoi junior. L'événement se déroulait à Ayr, mon village natal, lequel est situé dans la région de Northern Queensland en Australie. Il y avait à peine six mois que je jouais au golf à ce moment-là.

Ce jour-là, j'ai joué un 156, ce qui m'a valu le « prix d'encouragement ». En me le décernant, on cherchait de toute évidence à me dire : « C'était une belle tentative, mais tu as encore beaucoup de chemin à faire. Continue de t'entraîner. »

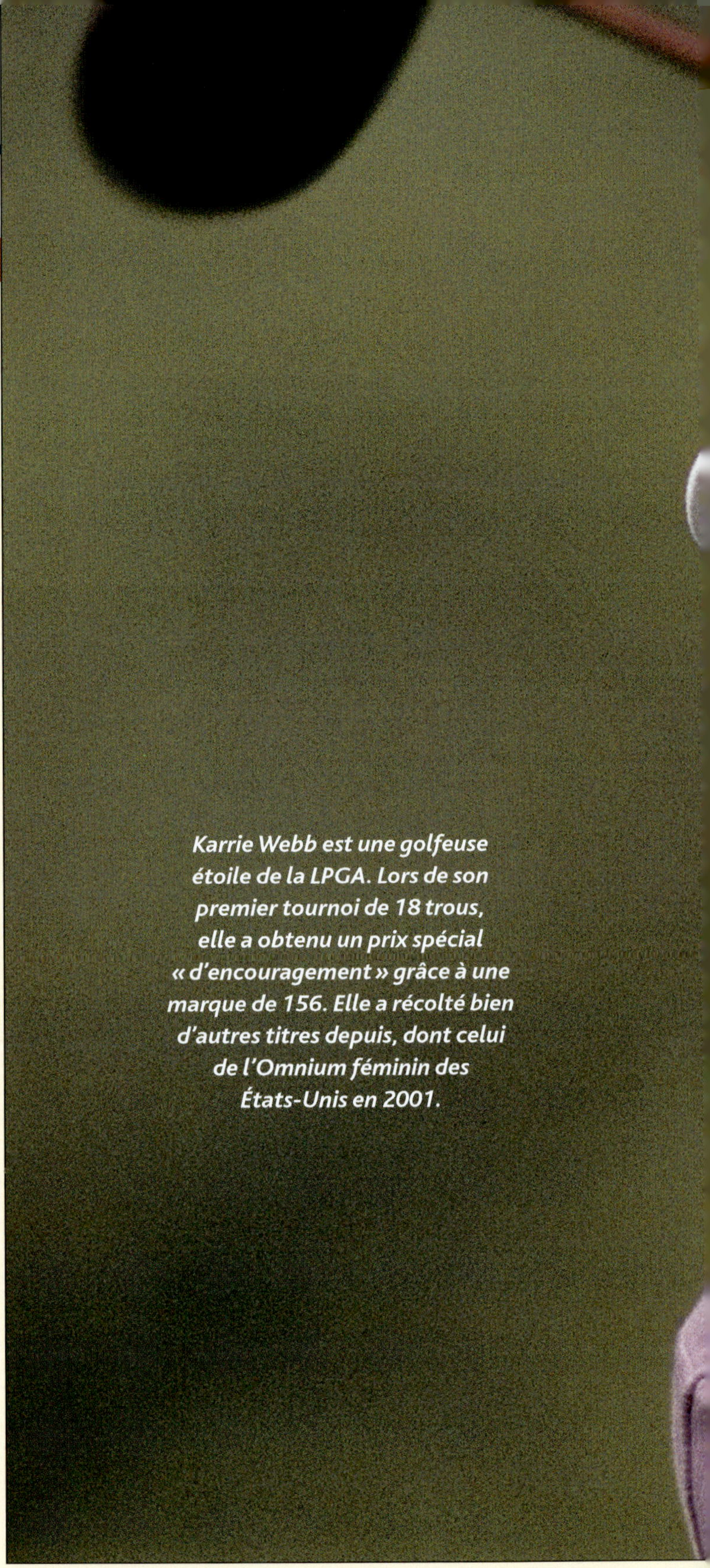

Karrie Webb est une golfeuse étoile de la LPGA. Lors de son premier tournoi de 18 trous, elle a obtenu un prix spécial « d'encouragement » grâce à une marque de 156. Elle a récolté bien d'autres titres depuis, dont celui de l'Omnium féminin des États-Unis en 2001.

Chapitre 2

LA PRÉCISION

Au golf, la distance ne se calcule pas seulement en termes d'éloignement, mais aussi de proximité. Voici comment contrôler la distance et la direction de vos coups avec fers.

AMÉLIOREZ VOTRE JEU 100 90 80

LA PRÉCISION

Contrôler la distance et la direction

Le golfeur désireux de jouer à son meilleur et d'améliorer son handicap se doit de contrôler ses coups avec fers. La première chose que vous devez faire pour en arriver là est de développer un élan que vous exécuterez toujours de façon identique et qui vous permettra d'envoyer la balle vers la cible avec précision et régularité. Concentrez-vous d'abord sur votre position initiale — c'est-à-dire sur la prise, la visée, l'alignement, la posture, et sur votre position par rapport à la balle. Ces éléments sont les fondements mêmes d'un élan solide et fiable.

Une fois que vous aurez maîtrisé ces rudiments, vous travaillerez à contrôler la distance et la direction de vos coups — deux aspects du golf qui vous permettront de garder la balle en jeu et de toucher le vert en moins de coups. Pour acquérir ce genre de contrôle, il faut que vous portiez une attention particulière à la trajectoire de la balle. Votre quête de perfectionnement doit commencer par la question suivante: «Comment ma balle se comporte-t-elle?» De là, vous procéderez à rebours en cherchant à découvrir ce que font vos mains, vos bras et votre corps pour affecter la trajectoire de la balle. Bon nombre de golfeurs de calibre moyen ont une trajectoire de balle trop incurvée, ce qui réduit la distance de leurs coups de même que leur contrôle directionnel. Si vous voulez atteindre un niveau de jeu supérieur, il est important que vous découvriez les lacunes qui vous empêchent de progresser.

Les bons golfeurs se donnent généralement pour objectif de prendre de meilleures décisions sur le parcours. Or, il devrait en être de même pour vous. Même si vous ne faites que vous exercer, concentrez-vous à fond sur la cible. C'est en apprenant à vous concentrer ainsi que vous obtiendrez de meilleures marques.

Pages précédentes :
Jeune étoile du circuit professionnel, l'Espagnol Sergio Garcia ne perd jamais sa cible des yeux.

Le célèbre instructeur Chuck Cook démontre ici qu'un angle d'attaque abrupt est la clé d'un bon contact quand on frappe la balle avec un fer.

Atteignez le vert plus aisément avec l'élan que vous possédez déjà

TENEZ COMPTE DE LA DÉVIATION

Si vous aviez à faire un coup roulé sur un vert incliné de gauche à droite, vous ne viseriez pas directement le trou, n'est-ce pas ? Alors pourquoi viseriez-vous le drapeau si votre trajectoire de balle s'incurve toujours vers la droite ? Tenez toujours compte de la déviation de la balle quand vous visez.

Le choix de la cible selon Randy Smith.

UN FER DE PLUS POUR LES COUPS D'APPROCHE

Les golfeurs qui jouent dans les 100 ont tendance à faire des coups d'approche trop courts. Vous devez donc prendre l'habitude d'utiliser un fer de plus pour vos coups d'approche. Cette stratégie vous incitera par ailleurs à vous élancer avec plus de fluidité.

L'apprentissage de la distance selon Hank Haney.

CONNAÎTRE SES DISTANCES

Vous aurez bien du mal à toucher le vert si vous ne connaissez pas la distance typique de vos coups d'approche. L'apprentissage de la distance se fait au terrain d'exercice avec un seul bâton. Employant par exemple votre fer 6, frappez dix balles consécutives en estimant la distance de chaque coup. Écartez le coup le plus long et le plus court, puis calculez votre moyenne sur huit coups. Soustrayez 10 verges pour obtenir votre distance moyenne avec le fer 7, ajouter 10 verges pour le fer 5, et ainsi de suite.

Plusieurs élans différents, mais une seule posture

CONSOLIDEZ LES BASES DE VOTRE ÉLAN

La qualité de vos montées et de vos descentes dépend en grande partie de votre posture. Une bonne posture facilite le processus de visée et permet au golfeur de se concentrer sur autre chose que la mécanique de son élan.

Il est possible que votre posture se détériore à votre insu. Une perte ou un gain de quelques kilos, un mal de dos ou une douleur au genou sont autant de facteurs qui peuvent vous amener à modifier votre posture. Pour vérifier si vous avez la bonne posture, tenez un bâton à hauteur de vos hanches. Votre buste doit s'incliner vers l'avant à partir du bassin (voir ci-contre) et non de la taille. Complétez votre prise de position initiale par une légère flexion des genoux; la position de la photo ci-dessous est incorrecte.

La posture selon Jane Frost.

S'ÉLANCER AU RALENTI

Chaque fois que vous modifiez votre élan, répétez le mouvement au ralenti. Cela vous aidera à bien sentir tous les aspects de ce nouveau mouvement. Vous serez sans doute étonné de voir à quelle distance vous pouvez frapper la balle en vous élançant lentement.

VOTRE POIDS DOIT REPOSER SUR LA PARTIE ANTÉRIEURE DU PIED

On dit souvent aux golfeurs de prendre position comme s'ils s'assoyaient. Bon nombre d'entre eux interprètent mal la chose et comprennent qu'ils doivent poser tout leur poids sur leurs talons. Or, de cette position, il est impossible de danser, de marcher ou de… jouer au golf. L'essentiel de votre poids doit reposer sur la partie antérieure de votre pied, sans quoi vous ne serez pas capable de bouger librement. Vous devez avoir l'impression de pouvoir taper du talon sur le sol. Il s'agit là d'une position athlétique qui vous donnera une bonne liberté de mouvement. Sachez que votre élan sera plus fluide si vous distribuez votre poids correctement et adoptez une posture adéquate.

Jouez avec précision en apprenant à contrôler vos fers courts

L'élan « 3/4 » selon Hank Johnson.

S'ARRÊTER À HAUTEUR DES ÉPAULES

Il est important que vous appreniez à exécuter avec vos fers courts un élan réduit où vous ne ferez que les trois quarts du mouvement. Avec un fer 9, constance et précision sont des facteurs plus importants que la distance. Tiger Woods doit une grande partie de son succès à la précision de son jeu avec les fers courts et à sa maîtrise des élans à amplitude réduite. Quand vous vous élancez avec un fer court, vos mains doivent s'arrêter à hauteur des épaules, tant à la montée qu'au dégagé.

TOUT SE JOUE À 100 VERGES DU TROU

Vous voulez peaufiner vos coups d'approche ? En ce cas, Bob Rotella vous propose l'exercice suivant : déposez votre balle à l'indicateur de 100 verges, puis essayez de la caler en trois coups ou moins. Une fois que vous saurez faire cela avec constance, vous marquerez, dans le pire des cas, un boguey à chaque trou, ce qui est suffisant pour vous faire passer sous la barre du 100.

Jouer ainsi, c'est-à-dire de façon mesurée, exige une bonne dose d'humilité de la part du golfeur puisque celui-ci doit se contenter de frapper des coups de 30 ou 40 verges. Si vous n'êtes pas capable de caler la balle en trois coups à partir de 100 verges, c'est que vous devez travailler davantage avec vos cocheurs. Répétez cet exercice jusqu'à ce que vos marques gravitent autour de 90. Vous croyez peut-être que ce petit jeu est ridicule, n'empêche que c'est en vous prêtant à ce genre d'exercice que vous passerez d'un 106 à un 93. Une fois la barre du 100 franchie, le travail que vous aurez fait avec vos cocheurs vous aidera ensuite à passer le cap du 90 et du 80.

Assimilez les sensations physiques reliées à un contact solide

LA POSITION IDÉALE

L'exercice suivant me permet de répéter la position dans laquelle je dois me trouver au moment de l'impact. Muni d'un fer 6 ou 7, je prends position de manière que la balle soit centrée entre mes deux pieds. Mes mains devancent légèrement la balle, mon poids repose sur mon pied gauche et mon talon droit est soulevé de terre. De cette position, je frappe la balle d'un petit coup sec en m'efforçant d'obtenir un contact aussi solide que possible. Grâce à cet exercice, vous améliorerez la trajectoire de votre élan et vous assimilerez les sensations physiques qui vous permettront de vous retrouver en position idéale au moment de l'impact. Vous obtiendrez par conséquent un contact plus solide avec la balle.

La qualité du contact selon Rick Smith.

Le plan de l'élan selon Todd Anderson.

VÉRIFIEZ L'ANGLE DE VOTRE BÂTON DURANT L'ÉLAN

Portez une attention particulière à l'angle dans lequel se trouve la tige de votre bâton durant l'élan. Si cet angle est incorrect, vous obtiendrez un mauvais contact et votre trajectoire de balle ne suivra pas l'axe de visée. Pour que la balle file en ligne droite, la tige du bâton doit pointer vers l'intérieur de l'axe de visée, c'est-à-dire juste devant la balle. Vous pouvez vérifier le plan de votre élan et la rotation de votre face de bâton en vous élançant aux trois quarts de votre amplitude maximale. L'angle qu'adopte la tige du bâton doit être le même au début et à la fin de l'élan.

Vous travaillez à changer votre élan ? Visez la simplicité à l'entraînement

LES EXERCICES PRATIQUES

UTILISEZ UN TÉ

Quand vous travaillez à changer votre élan, vous devez rendre les choses aussi simples que possible sur le terrain d'exercice. Déposez votre balle sur un té lorsque vous vous exercez avec vos fers 7 et 8 ; vous aurez ainsi plus de facilité à bien frapper la balle. Et préoccupez-vous de votre élan plutôt que de la distance de vos coups. Quand vous vous élancez, n'encombrez pas votre esprit de toutes sortes de détails. Ne travaillez que sur un aspect de votre élan à la fois et concentrez-vous là-dessus.

L'entraînement selon Butch Harmon.

VISEZ UNE CIBLE PRÉCISE

Pour chaque coup exécuté sur le terrain d'exercice, vous devez vous fixer une cible précise. Visez d'abord une cible située du côté droit du terrain, puis une autre située vers la gauche. Cet exercice vous oblige à vous concentrer sur votre alignement, sur votre séquence préparatoire et sur le processus de visée. Pour travailler votre alignement, déposez un bâton sur le sol près de la balle en le pointant vers la cible, puis un second bâton, parallèle au premier, juste derrière vos talons (voir ci-dessous).

Titleist
BUICK

Quel est le secret d'Annika Sorenstam ? En un mot : la précision. À chaque partie, elle atteint en moyenne 8 allées et verts sur 10 dans le nombre de coups prescrit. Pas étonnant en ce cas qu'elle obtienne des marques aussi basses !

Frappez la balle avec constance grâce à une bonne position à l'impact

ENTRAÎNEZ VOS MAINS

L'exercice suivant sera utile aux golfeurs qui calottent la balle parce qu'ils désarment les poignets trop tôt. Installez-vous dans une fosse d'allée, puis tracez une ligne d'environ 5 cm sous votre talon gauche (voir ci-dessous). En vous élançant pleinement, essayez de creuser le sable à l'avant de la ligne comme je le fais dans la photo de droite. La marque doit pointer vers la cible. Une fois que vous pourrez faire cela avec régularité, c'est que vos mains seront entraînées à produire un bon contact avec la balle.

La qualité du contact selon Mark Winkley.

TRACER LA ZONE D'IMPACT AU PINCEAU

Un fer doit toujours frapper la balle avant d'entrer en contact avec le sol. Le trou que vous ferez dans la pelouse en arrachant une motte de gazon devra donc commencer au point d'impact et se poursuivre par-delà ce point. Pour vous aider à bien exécuter les coups avec fers, imaginez qu'il y a un pinceau au bout du bâton. Quand vous frappez la balle, imaginez que vous peignez une ligne qui débute au point d'impact et s'allonge en direction de la cible. Puisque vos mains doivent devancer la balle à l'impact, imaginez qu'elles traînent le pinceau derrière elles dans la zone d'impact.

UTILISEZ UN TÉ

Accordez-vous une position de balle idéale en déposant votre balle sur un té que vous aurez enfoncé au ras du sol. En procédant ainsi, vous obtiendrez avec vos fers un contact plus solide, ainsi qu'une distance et une trajectoire de balle optimale. Tout golfeur devrait utiliser un té lorsque le règlement l'autorise. Cela vaut même pour les trous à normale 3, pour lesquels vous n'avez besoin que d'un fer 8 ou 9. Le té vous garantit une bonne position de balle, alors n'hésitez pas à l'utiliser.

Concentrez-vous sur votre main gauche quand vous jouez avec un fer

NE DÉSARMEZ PAS LE POIGNET GAUCHE

Que ce soit à la décoche, à l'approche ou au roulé, la plus grave erreur du golfeur débutant, intermédiaire ou expert est de désarmer le poignet gauche au moment de l'impact.

Durant l'élan, la fonction de la main gauche est de tenir le bâton ; celle du poignet gauche est de conserver une certaine rigidité. Dans le cas du plein élan, une trop grande souplesse au niveau du poignet gauche entraînera un désarmement du poignet, ce qui occasionnera une perte de puissance et de précision considérable.

Les mauvais golfeurs ont tendance à frapper la balle d'un mouvement saccadé et à se retirer précipitamment vers l'arrière au moment de l'impact parce qu'ils croient que cela facilitera l'envolée de la balle. En réalité, pour faire décoller la balle avec autorité, il faut s'élancer en un mouvement descendant et poursuivre l'élan par-delà l'impact tout en maintenant le poignet gauche passablement rigide.

Observez bien Lee Trevino (ci-contre). Ne dirait-on pas qu'il frappe la balle avec le revers de sa main gauche ?

LA MAIN GAUCHE CONTRÔLE LA POSITION DE LA FACE

Tout mouvement de la main gauche influence la position de la face du bâton. Si votre prise est correcte, le revers de votre main gauche fera face à la cible au moment de l'impact. Exercez-vous à vous élancer dans un sac d'impact ou autre objet similaire. Chaque fois que votre main gauche sera en bonne position, vous frapperez l'objet avec force et solidité. Cet exercice vous aidera en outre à garder la face du bâton perpendiculaire à la cible à l'impact et à générer de la puissance avec tout le bâton lors de l'élan.

AJUSTEZ VOTRE PRISE EN FONCTION DE VOS TENDANCES

Pour contrecarrer une tendance naturelle au crochet, il vous faudra ajuster votre prise. Si vous avez tendance à frapper des crochets extérieurs, tournez vos mains vers la droite quand vous empoignez le bâton. Si vous faites des crochets intérieurs, tournez vos mains vers la gauche.

LA POSITION DES MAINS ET DE LA FACE DU BÂTON

Durant l'élan, vos mains devraient être perpendiculaires au sol quand elles arrivent à hauteur de votre taille. Si c'est le cas, cela signifie que la face du bâton faisait face à la cible au moment de l'impact. La chose est difficile à vérifier avec un bâton de golf; par contre, vous verrez immédiatement si vous avez la bonne position en tenant une raquette de ping-pong dans chacune de vos mains. Effectuez votre montée, mais en arrêtant à hauteur de la taille (voir ci-contre). Les deux raquettes devraient alors être perpendiculaires au sol. Élancez-vous ensuite en stoppant votre dégagé à hauteur de la taille tel qu'il est illustré dans la photo ci-dessous. Les deux raquettes devraient encore une fois être perpendiculaires au sol.

La position de la face selon Tom Ness.

Étudiez bien les marques que vous laissez dans la pelouse

UN EXERCICE D'ANALYSE

Voici un bon exercice à faire à l'entraînement. À partir du tertre de départ, tracez une ligne dans la pelouse comme Randy Smith est en train de le faire dans la photo de droite. Déposez ensuite une rangée de balles directement sur cette ligne, puis frappez-les une à une.

Si vous vous élancez correctement avec vos fers, vous arracherez de fines mottes de gazon qui commenceront juste après la ligne et pointeront en direction de la cible. Si une marque commence avant la ligne (c'est le cas de la marque du haut dans la photo ci-dessous), cela signifie que vous frappez trop loin derrière la balle. Si vous ne laissez aucune marque dans la pelouse, cela veut dire que vous calottez la balle ou que votre angle d'attaque à la descente n'est pas assez prononcé. Si la marque pointe vers la gauche, cela signifie que le plan de votre élan est orienté de l'extérieur vers l'intérieur, ce qui produira généralement un crochet extérieur indésirable.

S'EXERCER AVEC UN TÉ

L'exercice suivant vous habituera à frapper le sol au bon endroit quand vous jouez avec un fer long ou intermédiaire. Enfoncez partiellement un té dans le sol de manière que la tête du té soit orientée vers l'arrière de la balle (voir ci-contre). En vous élançant aux trois quarts de votre amplitude maximale, essayez d'enfoncer le té plus profondément dans le sol (voir ci-dessous). Ce genre d'exercice est excellent parce qu'il vous permet de vous concentrer sur un aspect spécifique de votre élan.

DES MOTTES DE GAZON MONSTRES

Vous arrachez des mottes de gazon dignes de King Kong quand vous jouez avec vos fers ? En ce cas, c'est que la tête de votre bâton s'enfonce trop profondément dans le sol à l'impact. Si vous vous élanciez correctement, votre tête de bâton mordrait légèrement le sol, et les trous que vous laisseriez dans la pelouse seraient peu profonds.

Pour des coups plus longs et plus puissants, n'abrégez pas votre élan

MAINTENIR LA FINITION PENDANT TROIS SECONDES

Du sommet de la montée à la fin du dégagé — ce qu'on appelle la finition —, le golfeur doit s'élancer avec une force égale. À aucun moment de l'élan ne devez-vous tenter d'accroître la vélocité de la tête du bâton. La meilleure façon de s'exercer à conserver une vélocité constante durant l'élan est de se concentrer sur la position des mains à la finition. Quand vous frappez des balles sur le terrain d'exercice, maintenez votre finition pendant trois secondes. Efforcez-vous également de ne pas varier la force de votre prise au cours de l'élan. Ce petit truc vous aidera à conserver un meilleur équilibre et vous permettra de vous concentrer sur autre chose que l'impact lui-même.

MONTREZ VOS POINTES

Au dégagé, vous devez transférer l'essentiel de votre poids sur votre pied gauche. Une personne qui se tiendrait derrière vous devrait être en mesure de voir tous les crampons qui sont fixés à la semelle de votre chaussure droite.

LE CALCUL DE LA DISTANCE

Sur le parcours, aux heures de faible achalandage, calculez la distance exacte que vous obtenez avec chaque bâton à l'aide d'un livret de parcours ou d'un lasermètre. Cela vous permettra de faire des choix de bâtons plus éclairés quand vous disputerez une partie sur ce même parcours.

LE VERT EST UNE GRANDE CIBLE

Le vert moyen mesure entre 30 et 36 verges de profondeur. Or, comme vous disposez d'une marge de 10 à 12 verges entre chacun de vos fers, cela signifie que vous avez le choix de trois fers différents pour atteindre le vert. Malgré cela, indépendamment des circonstances, la plupart des golfeurs ont tendance à choisir leur fer le plus court. À moins que le contact avec la balle ne soit parfait, ces golfeurs n'ont aucune chance de toucher le vert. Vous remédierez aisément à ce problème en choisissant toujours un bâton de plus que ce que vous utiliseriez habituellement à partir d'une distance donnée.

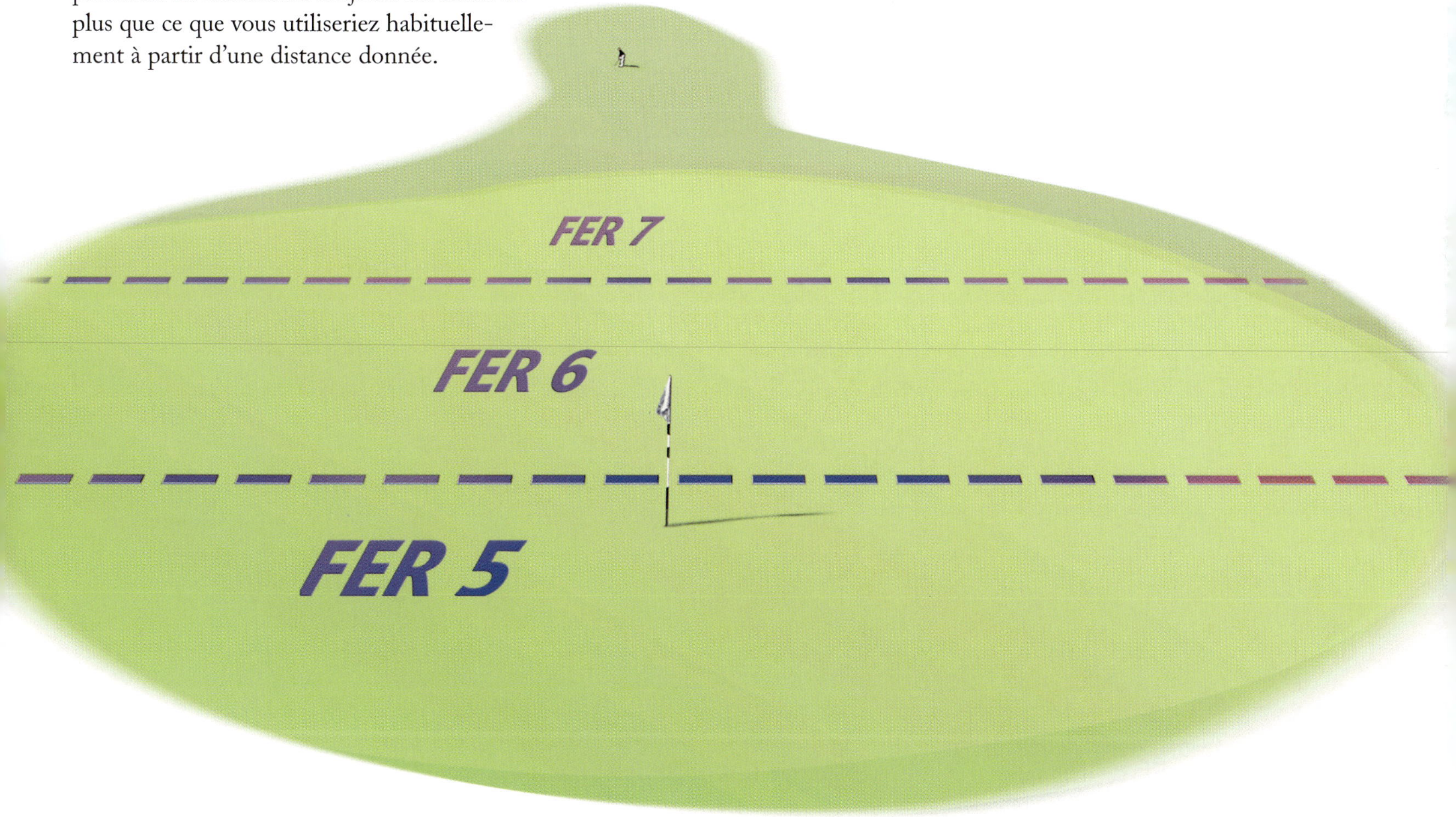

Quelques trucs pour mieux contrôler votre trajectoire de balle

L'alignement selon Brewster Bassett.

L'ALIGNEMENT DES YEUX INFLUENCE LA TRAJECTOIRE DE BALLE

Un golfeur qui est porté à faire des crochets extérieurs peut enrayer cette tendance en changeant l'alignement de ses yeux par rapport à la cible. Les golfeurs qui font des crochets extérieurs ont tendance à orienter leurs yeux vers la gauche (voir photo ci-dessus), ce qui fait que leur élan se déroule généralement de l'extérieur vers l'intérieur. En alignant plutôt leurs yeux vers la droite (voir photo de droite), ces golfeurs amélioreront l'alignement de leurs épaules à la prise de position initiale et s'élanceront selon un plan intérieur/extérieur, ce qui leur donnera une trajectoire de balle plus droite ou incurvée vers l'intérieur.

Même si vous n'avez pas tendance à faire des crochets extérieurs, vous pouvez utiliser ce principe pour orienter avec plus de précision la trajectoire de votre balle : pour effectuer un léger crochet extérieur, alignez vos yeux à gauche de la cible ; pour frapper un léger crochet intérieur, alignez vos yeux à droite de la cible. Dans un cas comme dans l'autre, la face du bâton doit être orientée vers la cible.

LES SECRETS DE L'ÉQUIPEMENT

LES BÂTONS COMPENSÉS

La plupart des grands fabricants de bâtons vendent des fers compensés, ce qui veut dire que le bord d'attaque de la tête est décalé vers l'arrière du manche. Ce « décalage correcteur » incite le golfeur à garder ses mains devant la tête du bâton au moment de l'impact, une position qui lui permettra d'éviter les crochets extérieurs. Le décalage de la tête vers l'arrière referme légèrement l'angle d'ouverture, ce qui favorise la production de coups droits ou de légers crochets intérieurs. Les bâtons compensés peuvent assurément améliorer votre trajectoire de balle.

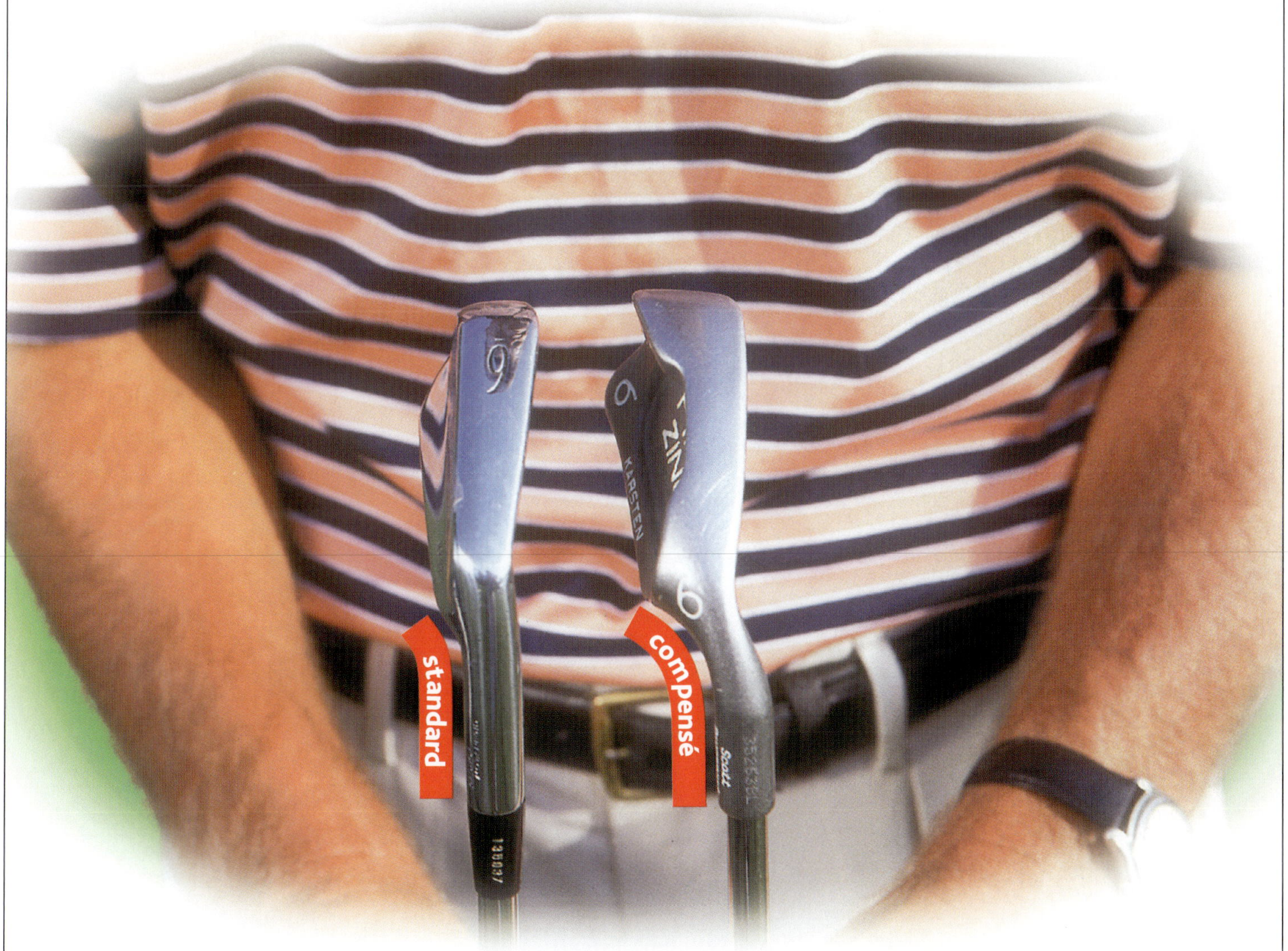

Progressez davantage en vous exerçant intelligemment

LES EXERCICES PRATIQUES

CONCENTREZ-VOUS SUR VOS FAIBLESSES

Bon nombre de golfeurs ne travaillent que leurs points forts quand ils vont au terrain d'exercice. À l'entraînement, concentrez-vous plutôt sur vos faiblesses. Si, par exemple, comme bien des golfeurs qui cherchent à franchir le cap du 90, vous avez du mal à maîtriser vos fers longs, vous devriez alors consacrer l'essentiel de votre séance d'entraînement à travailler avec ces bâtons. Travaillez également les coups — le crochet intérieur, par exemple — qui vont à l'encontre de votre tendance naturelle. Exercez-vous à ces coups peu familiers sans trop vous préoccuper de votre technique. Bien souvent, votre corps trouvera instinctivement la façon de les exécuter.

L'entraînement selon Hank Haney.

PLACEZ-VOUS À UNE EXTRÉMITÉ DU TERRAIN D'EXERCICE

Bien des golfeurs n'ont aucune idée de la qualité de leurs coups quand ils travaillent au terrain d'exercice. Sur le parcours, l'allée et le vert constituent des cibles précises et spécifiques ; par contre, le terrain d'exercice est un vaste espace ouvert qui ne fournit au golfeur aucune référence quant à la précision de sa trajectoire de balle. C'est pourquoi je conseille à mes élèves de toujours se placer à l'une des extrémités du terrain d'exercice, et préférablement à gauche — surtout dans le cas de ceux qui font souvent des crochets de droite. Les filets ou la clôture qui se trouvent généralement de ce côté du terrain donnent au golfeur un point de repère, ce qui lui permet de mieux juger sa trajectoire de balle.

ACCORDEZ-VOUS DES COUPS DE REPRISE

Lorsque vous vous entraînez sur le parcours aux heures de faible achalandage, accordez-vous des coups de reprise. Cela vous aidera à assimiler les coups sur lesquels vous avez travaillé au terrain d'exercice. Quand vous ratez un coup, prenez une autre balle et recommencez-le à partir de la même position.

AMÉLIOREZ VOTRE JEU
90

La séquence d'élan de Nick Price: maîtriser les fers courts

LA FLUIDITÉ DU MOUVEMENT ET LES PRINCIPES DE BASE DE L'ÉLAN

Au golf, la qualité de l'élan dépend de la qualité du mouvement. Quelle que soit la force ou la vélocité que vous générez quand vous vous élancez, quelle que soit la position de votre corps durant les différentes phases de l'élan, si votre mouvement est fluide, alors vous êtes capable de bien jouer au golf. Le fer 9 est sans doute le meilleur bâton à utiliser pour apprendre à maîtriser les principes de base de l'élan. Commencez par travailler la cadence de votre élan avec les fers courts; vous n'aurez ensuite aucun mal à transposer aux autres bâtons les mouvements que vous aurez assimilés.

L'un des principes de base à retenir est qu'il faut toujours compléter sa montée. Les golfeurs amateurs ont tendance à précipiter leur élan quand ils jouent avec un fer court; c'est alors la transition entre la montée et la descente qui en souffre. Pour ma part, je m'efforce toujours de ne pas accélérer mon élan quand j'utilise un fer court. Je veux que mon élan soit aussi fluide avec un fer 9 qu'avec mes autres bâtons.

En ce qui a trait à l'élan, il est extrêmement important que vous développiez une approche technique à laquelle vous resterez fidèle. Ne changez pas votre façon de faire chaque fois que quelqu'un vous expose une nouvelle théorie. Personnellement, je travaille constamment les rudiments de l'élan. Quand quelque chose ne va pas, je ne procède pas à un changement radical, j'essaie plutôt de perfectionner les aspects les plus critiques de mon élan. Je vérifie constamment ma prise, ma posture et mon alignement. Faites de même à l'entraînement et vous aurez beaucoup plus de succès avec vos fers courts.

Les fers courts : Nick Price vous livre ses secrets.

Améliorez votre contrôle en apprenant à vous élancer avec tout le corps

FAITES PIVOTER LE CORPS ET NON LES MAINS

Pour exécuter un élan contrôlé avec un fer court, vous devez raccourcir votre montée et faire pivoter votre corps davantage à la descente. Vos bras et votre torse doivent suivre le même mouvement en bougeant à l'unisson. Concentrez-vous sur la rotation de votre corps vers la cible et sur la position de vos mains ; effectuez une finition tout en hauteur et ne désarmez pas les poignets (voir ci-contre). Votre main droite ne doit pas passer par-dessus votre main gauche au dégagé comme dans la photo ci-dessous.

La rotation du corps selon Scott Davenport.

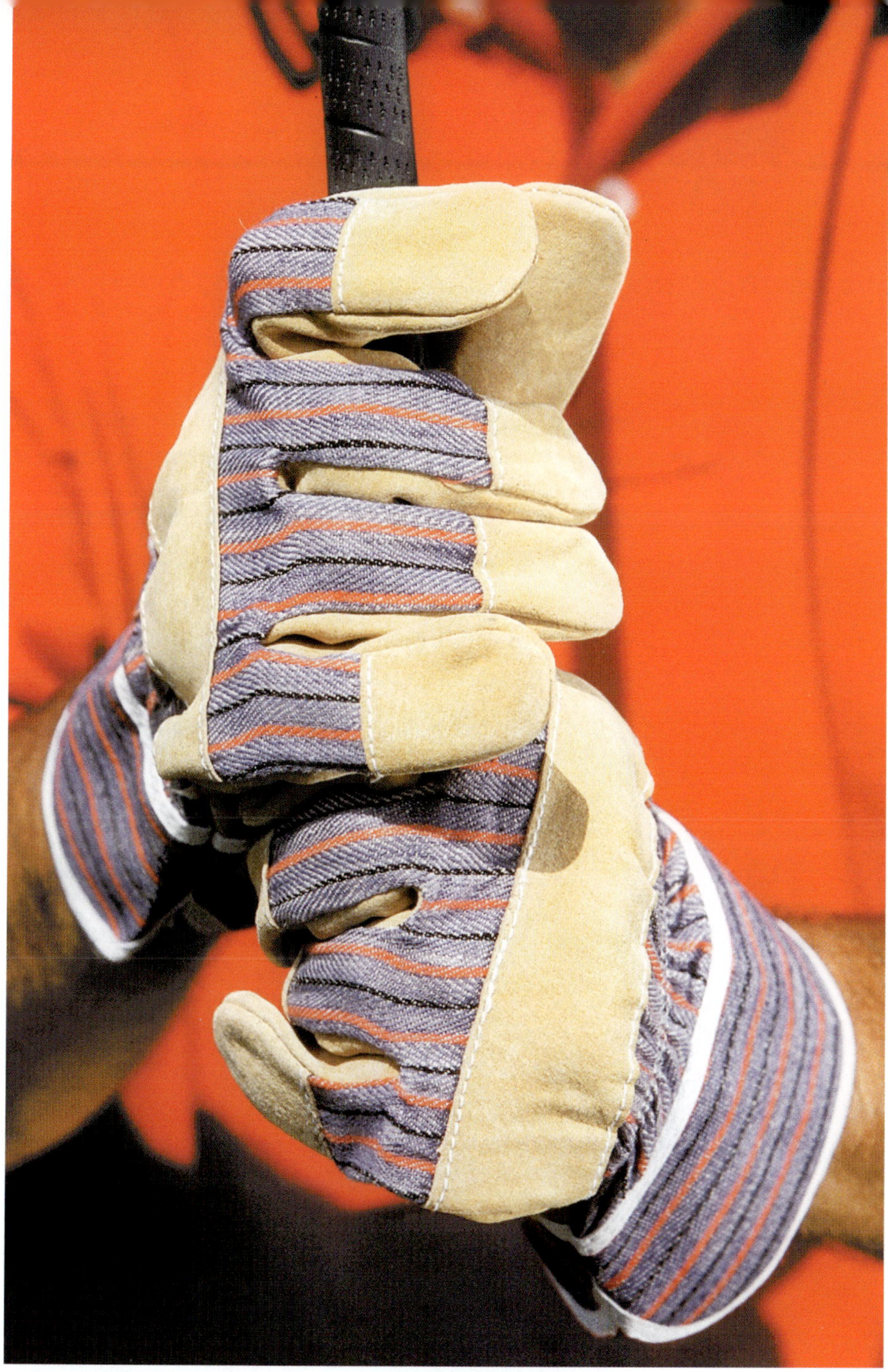

UN BON TRUC POUR INHIBER LE MOUVEMENT DES MAINS

Conçu par Rick Smith, l'exercice suivant vous aidera à inhiber le mouvement de vos mains durant l'élan. À l'entraînement, enfilez des gants de travail et frappez quelques balles. Ces gants épais vous empêcheront de manipuler la tête du bâton avec vos mains à l'impact. Si vous obtenez un contact solide avec la balle, c'est que la trajectoire de votre élan est correcte. Par contre, si vous êtes incapable de bien frapper la balle avec ces gants, cela signifie que vous avez l'habitude de manipuler le bâton avec vos mains durant l'élan. Idéalement, vos mains ne devraient pas jouer un rôle important dans votre élan; elles devraient tout simplement suivre le mouvement de votre corps.

BIEN CHOISIR SA BALLE

Expérimentez avec différents modèles et marques de balles afin de trouver celle qui vous donnera le mélange parfait de distance (carapace plus dure ou degré de compression élevé du noyau) et de contrôle (revêtement plus tendre ou taux de compression moindre résultant en une capacité de rotation accrue). Une fois votre choix fixé, jouez toujours avec la même sorte de balle. Vous aurez ainsi une meilleure idée de la distance que vous pouvez obtenir avec un bâton donné.

Comment conserver une bonne trajectoire d'élan à la descente

NE POINTEZ PAS VOTRE BÂTON VERS L'ARRIÈRE

Il y a beaucoup de bons golfeurs qui exagèrent sciemment le tracé intérieur/extérieur de leur bâton à la descente, et ce, dans le but de produire de légers crochets intérieurs. En faisant cela, ils pointent leur bâton vers l'arrière à la descente, ce qui les oblige à utiliser leurs mains pour redresser la face du bâton au moment de l'impact. Pour apprendre à bien jouer avec une telle technique, il faut disposer d'une cadence impeccable et d'un temps d'entraînement illimité. Le golfeur qui s'élance ainsi et qui ne possède pas ces attributs ne pourra jamais frapper la balle avec précision. Pour qu'un élan soit bien exécuté, il faut que le bâton suive le même tracé à la montée et à la descente. Dans la photo de droite (voir ci-dessous), on voit que mon bâton divise en deux l'angle formé par mes avant-bras. De cette position, je n'ai pas à utiliser mes mains pour redresser la face du bâton ; il me suffit de faire pivoter mon corps vers la cible pour obtenir un bon contact. Une trajectoire d'élan idéale vous permettra de frapper la balle avec plus de constance et de précision.

La trajectoire de l'élan selon David Leadbetter.

LA POSITION DU BÂTON À 8 HEURES

Pour améliorer votre position à la descente, imaginez votre corps comme la face d'une horloge. Lorsque vous atteignez à la montée la position correspondant à 8 heures (photo de gauche), la tête du bâton devrait être plus près de l'axe de visée que la tige du bâton. À la descente, votre bâton doit se trouver à « 8 heures » dans une position presque identique qu'à la montée. La position du bâton à 8 heures déterminera en grande partie la qualité de l'impact. Répétez l'exercice jusqu'à ce que la tête de votre bâton soit toujours à l'extérieur par rapport à la tige lorsque vous atteignez la position « 8 heures ». Nick Price lui-même répète régulièrement cet exercice.

Étoffez votre répertoire en variant votre trajectoire de balle

POUR UNE TRAJECTOIRE BASSE, DEVANCEZ LA BALLE

Si vous êtes capable de frapper des coups à trajectoire basse, vous n'aurez pas à utiliser un bâton à faible angle d'ouverture quand vous jouez sous le vent. Prenez position de façon que la balle soit plus près de votre pied arrière. Élargissez votre position de pieds et posez votre poids sur le pied avant. Pour « coincer » la balle à l'impact et l'empêcher de s'envoler trop haut dans les airs, vous devez tenir votre épaule droite un peu plus haut que d'habitude et faire en sorte que la partie supérieure de votre corps devance la balle avant impact. Cela dit, évitez de trop faire glisser votre corps vers l'avant. Ne dépassez jamais la limite extérieure de votre pied avant.

La trajectoire de balle selon Butch Harmon.

POUR UNE TRAJECTOIRE HAUTE, RESTEZ VERS L'ARRIÈRE

Une trajectoire de balle haute est parfois indiquée pour se tirer d'un mauvais pas ou pour atteindre un vert particulièrement serré. Placez la balle un peu plus vers l'avant par rapport à sa position habituelle. L'essentiel de votre poids doit reposer sur votre pied droit. À la descente, vous devez redresser votre bras droit un peu plus tôt que d'habitude. Vous perdrez un peu de distance avec ce type de coup ; par contre, votre balle ne roulera presque pas après avoir touché terre.

LE COUP MASSÉ : PARFAIT SOUS PRESSION

Tout golfeur devrait disposer d'un coup qu'il peut exécuter facilement sous pression. Le coup massé vous sera très utile en ce sens. Prenez un bâton de plus que ce que vous utiliseriez normalement et réduisez l'amplitude de votre élan, y compris du dégagé. Vous obtiendrez un contact solide, un bon contrôle de la distance, ainsi qu'un bon degré de précision.

UN COUP QUI A DU PUNCH

Ne faites pas de coups massés, ou « punchés », quand vous jouez sous le vent. Les coups piqués de ce genre augmentent la rotation de la balle, ce qui produit une envolée plus haute. Choisissez un coup plus « horizontal » quand vous faites face au vent.

Le coup massé selon Brewster Bassett.

Améliorez votre gestion de parcours et vous ferez plus d'oiselets

PENSEZ À LA CIBLE, PAS À VOTRE TECHNIQUE

Selon Jane Frost, le golfeur doit diviser son approche mentale en deux zones: la zone de «réflexion»; et la zone d'«action». Imaginez la chose comme un entonnoir. La zone de réflexion se trouve tout en haut de l'entonnoir; c'est dans ce vaste espace que vous recueillez l'information nécessaire à l'exécution du coup. Vous vous poserez alors les questions suivantes: «Quelles sont les conditions de jeu? L'air est-il sec ou humide? Y a-t-il du vent? Ma position de balle est-elle bonne ou mauvaise?» C'est en vous basant sur ces renseignements que vous ferez votre choix de bâton.

Le col étroit de l'entonnoir correspond à la zone d'action. Une fois arrivé à ce point, il n'est plus temps de songer à votre technique ou à la mécanique de votre élan; vous devez vous concentrer entièrement sur la cible. Si vous pensez à la position de votre coude droit, par exemple, c'est que vous êtes toujours dans la zone de réflexion. La seule chose dont vous devez vous préoccuper dans la zone d'action, c'est de vous élancer, exécutant le coup auquel vous vous êtes préparé dans la zone de réflexion.

TOUJOURS RESTER DANS LA « ZONE DE CONFORT »

Certains trous à normale 5 vous permettent d'atteindre le vert en deux coups, alors que d'autres nécessitent une approche plus modérée. Lorsque confronté à une normale 5 particulièrement difficile, jouez de prudence et restez dans les limites de votre zone de confort en utilisant votre bâton favori. Certains golfeurs choisiront leur cocheur de sable ou leur cocheur d'allée ; d'autres préféreront utiliser leur fer n° 8. Le bâton que vous choisirez vous laissera peut-être un peu plus loin du vert, mais au moins vous aurez la certitude que le coup sera bon — ce qui est important, surtout si le trou comporte des obstacles. Visez de façon à éviter les obstacles, contentez-vous de toucher le vert en trois coups, et vous serez en bonne position pour récolter un oiselet.

La stratégie selon Rachel Teske.

AMÉLIOREZ VOTRE JEU
80

Les choses auxquelles il ne faut pas penser quand on dispute un match

La discipline mentale selon Peter Kostis.

IGNOREZ LES DRAPEAUX

Pour franchir le cap du 90, il faut faire des coups de départ qui restent dans l'allée. Mais pour passer sous la barre du 80, il faut apprendre à toucher le vert avec précision — ce qui ne veut pas dire qu'il faut viser le drapeau, bien au contraire. Pour que vos coups d'approche fassent mouche, vous devez viser la partie la plus large du vert. Si le drapeau se trouve dans une portion plus étroite du vert, ignorez-le. Votre balle aboutira plus loin du trou, mais l'important est qu'elle atterrisse sur le vert. Vous vous fierez ensuite à cet excellent coup roulé que vous avez perfectionné quand vous cherchiez à franchir lc cap du 100.

L'ASPECT MENTAL DU JEU

NE VOUS PRÉOCCUPEZ PAS DE VOTRE POINTAGE

Vous vous élancerez mieux et obtiendrez de meilleurs résultats si vous jouez de façon détendue, sans vous mettre trop de pression sur les épaules. Pour en arriver là, vous devez rester dans l'instant présent. Ne vous préoccupez pas du futur (« Il faut absolument que je réussisse ce trou en quatre coups ! ») et encore moins du passé (« J'ai vraiment bâclé le dernier trou ! »). Mais la meilleure façon d'éviter la tension est d'oublier la carte de pointage. Quand vous franchirez le cap du 80 pour la première fois, vous n'aurez aucun mal à remplir votre carte à la fin de la partie, c'est moi qui vous le dis ! Vous ne me croyez pas ? Eh bien, lisez le témoignage de Justin Leonard à la page suivante.

LE MERCREDI : LA JOURNÉE DES RECORDS

Des tas de records de parcours sont battus le mercredi, journée où se déroulent les tournois pro-am. Pourquoi les professionnels fracassent-ils tant de records ce jour-là ? Parce que les drapeaux sont placés au centre des verts pour faciliter la tâche des compétiteurs amateurs. Visez le centre du vert et vous battrez vous aussi vos propres records.

QUAND VISER LE DRAPEAU

Si votre but est de franchir le cap du 80, visez le drapeau seulement s'il se trouve dans la partie large du vert. Une fois que vous atteindrez 14 verts par match dans le nombre de coups prescrits, vous pourrez commencer à viser le drapeau plus souvent. Qui sait ? peut-être passerez-vous bientôt sous la barre du 70.

Justin Leonard, circuit de la PGA

UNE PREMIÈRE MÉMORABLE

Je me suis toujours fixé des objectifs en jouant au golf. À l'âge de 12 ans, je n'avais encore jamais joué mieux que 80. J'arrivais souvent au 15e trou avec 8 coups au-dessus de la normale. (La normale du parcours où je jouais était de 71.) Je me disais alors : « Si je joue la normale sur les quatre derniers trous, je passerai sous la barre du 80. » Invariablement, je faisais un boguey au 16e trou pour finir avec une marque de 81.

Un jour, j'ai joué à mon club habituel, le Royal Oaks Country Club de Dallas, avec deux membres que je ne connaissais pas. Comme je n'avais pas pris de carte de pointage, je compilais mentalement mes résultats. Au 18e trou, un normale 5, j'étais à 8 au-dessus de la normale. J'ai exécuté mon coup de départ avec mon bois numéro 1, puis un deuxième coup à partir de l'allée. Mon troisième coup a atterri à l'avant du vert et, de là, j'ai calé la balle en deux roulés pour obtenir la normale. Ce n'était peut-être pas une fin de parcours fulgurante, n'empêche que je savais que je venais de passer sous la barre du 80.

Une fois la partie terminée, je me suis procuré une carte de pointage et j'ai inscrit ma marque pour chaque trou. Voyant que j'avais effectivement fait mieux que 80, j'ai couru au stationnement pour rejoindre les gars avec qui j'avais joué pour leur faire signer ma carte de pointage et obtenir ainsi une attestation de mon résultat. Je devais avoir une preuve disant que j'avais joué un 79, sinon mon père ne m'aurait jamais cru.

Mes deux partenaires de jeu m'ont d'abord regardé bizarrement, puis ils ont consenti à signer ma carte. Je crois qu'ils l'auraient fait même si j'avais inscrit une marque de 69. Ils avaient l'air pressé de rentrer chez eux.

Durant sa jeunesse, Justin Leonard a développé ses talents de golfeur au Royal Oaks Country Club en compagnie d'Harrison Frazar. Ce dernier, qui était son compagnon de chambre à l'université du Texas, l'a éventuellement rejoint sur le circuit de la PGA. Très impliqué dans le circuit junior, Leonard est coprésident de l'American Junior Golf Association.

Hogan

Chapitre 3

LA PUISSANCE

Pour réussir au golf, il faut être doté d'un élan athlétique et puissant. Voici comment acquérir un élan stable et constant qui vous permettra de frapper la balle plus loin que jamais.

AMÉLIORREZ VOTRE JEU 100 90 80

LA PUISSANCE

Frapper des coups plus longs

Pour obtenir de meilleures marques, il ne suffit pas d'optimiser la distance de ses coups. Cela dit, il s'agit tout de même d'un aspect important de la chose. Maintenant que vous avez appris à contrôler la direction de vos coups, il est temps pour vous de travailler leur puissance. Si vous frappez la balle plus loin avec votre plein élan, vous gagnerez du terrain à chaque coup, ce qui vous aidera très certainement à réduire votre handicap.

Le golfeur qui veut améliorer sa distance se doit d'acquérir un élan stable et constant qui lui permettra de frapper la balle solidement et en ligne droite. Il doit également apprendre à générer autant de vélocité que possible avec sa tête de bâton, mais sans perdre le contrôle de son élan. Il serait en effet bien inutile que vous puissiez frapper la balle plus loin si ce n'est que pour l'enfouir encore plus profondément dans les bois ou dans l'herbe longue.

Ceux d'entre vous qui cherchent à franchir le cap du 90 ou du 80 devront apprendre, au fil de leur quête de distance, à maîtriser le crochet intérieur léger — un coup qui, dans le cas d'un golfeur droitier, donnera une trajectoire de balle allant de droite à gauche. Quand on frappe un léger crochet intérieur, la tête du bâton attaque la balle selon un angle qui favorise la puissance et produit une trajectoire de balle plus basse et pénétrante. Par conséquent, sur une piste ferme, la balle roulera sur une plus grande distance après avoir touché le sol. Et cette quête de distance ne s'applique pas seulement au bois n° 1 ! Une fois que vous aurez appris à frapper la balle plus loin, vous pourrez utiliser un fer 7 là où, auparavant, vous utilisiez un fer 5.

Pages précédentes : Champion de la PGA en 2002, Rich Beem assène une autre décoche colossale.

John Daly est sans contredit le joueur le plus puissant du circuit de la PGA. Il détient 11 records de distance, ce qui est un record en soi, et a obtenu une moyenne de 310 verges sur les coups de départ en 2003.

La position initiale et la rotation du corps

VOTRE POSITION PAR RAPPORT À LA BALLE

Quand un golfeur est incapable de franchir le cap du 100, c'est généralement que sa position initiale est fautive sur les coups de départ. Les joueurs de ce calibre ont tendance à placer leur balle vers l'arrière dans leur position de pieds et à la frapper selon un angle d'attaque aigu, comme s'ils jouaient avec un fer 5. Quand vous jouez avec un bois 1, votre balle devrait plutôt être décentrée vers l'avant, à hauteur de votre talon gauche. Posez 60 pour cent de votre poids sur votre pied droit. Vos épaules doivent être perpendiculaires à la cible, l'épaule droite étant un peu plus basse que l'épaule gauche. Positionnez votre corps derrière la balle à la montée, ce qui vous permettra de bien transférer votre poids vers l'avant à la descente pour frapper l'arrière de la balle en un mouvement puissant et légèrement ascendant.

LA TÊTE BOUGE ELLE AUSSI VERS L'ARRIÈRE

Lorsque vous transférez votre poids au pied droit à la montée, votre tête doit suivre le mouvement de votre corps et bouger elle aussi vers l'arrière, ce que Tom Kite démontre dans la photo ci-dessous. Ce mouvement de la tête vers l'arrière se poursuivra à la descente. Il est impératif que votre tête reste derrière la balle. Si vous bougez la tête vers l'avant à la descente, votre coup perdra toute sa puissance.

La position de la balle selon David Leadbetter.

ÉLARGISSEZ VOTRE POSITION DE PIEDS

Vous frapperez la balle plus loin avec votre bois 1 si vous élargissez votre position de pieds. L'écartement doit être plus large que vos épaules. Cette position comporte cinq avantages : 1) elle vous aide à effectuer un amorcer plus long et une montée plus ample ; 2) elle empêche votre bassin de trop pivoter ; 3) elle facilite le transfert de poids vers la gauche à la descente ; 4) elle est plus stable du point de vue de l'équilibre ; et 5) elle permet à la tête du bâton de traverser la zone d'impact selon un angle parfaitement horizontal, ce qui vous donnera un maximum de puissance. Vous générerez encore plus de puissance en pointant légèrement votre pied droit vers l'extérieur.

Pour un maximum de distance, ne précipitez pas la descente

MARQUER UNE PAUSE AU SOMMET

Afin de vous assurer que vous avez bien complété votre montée, marquez une légère pause au sommet. Un observateur ne remarquerait probablement pas cet arrêt, mais, dans votre esprit, vous devez sentir que vous avez atteint la position désirée avant de commencer votre descente. Bon nombre de golfeurs amorcent la portion descendante de leur élan avant même d'avoir atteint cette position au sommet. En procédant ainsi, ils compromettent sérieusement la cadence et la mécanique de leur élan. Si vous sentez que vous marquez une pause au sommet de la montée, c'est que vous avez bien complété le mouvement. Vous serez alors en bonne position pour effectuer une descente fluide et puissante.

LES SECRETS DE L'ÉQUIPEMENT

UNE BONNE FLEXIBILITÉ

Selon Scott Davenport, quantité d'amateurs utilisent des bois trop rigides et donc mal adaptés à la vélocité de leur élan. Ces golfeurs feraient mieux d'employer un bâton plus flexible doté d'une tige de type régulier ou senior. Dans le choix d'un bois, la règle est la suivante : si vous frappez la balle trop haut ou trop loin (ce qui, en certaines circonstances, n'est pas un mal), choisissez un bâton à tige plus rigide ; dans le cas contraire, utilisez un bâton à tige plus flexible. Ne vous préoccupez pas outre mesure de ce que Tiger Woods et les autres gros cogneurs du circuit utilisent. La flexibilité de vos bâtons doit d'abord et avant tout être adaptée à vos besoins.

SAVOIR QUAND METTRE TOUTE LA GOMME

Pour gagner en distance, vous devez générer davantage de vélocité avec votre tête de bâton, mais encore faut-il que vous génériez cette vélocité au bon moment. Il ne faut pas nécessairement être fort pour avoir un élan puissant ; par contre, il faut être capable d'agressivité à certains points de l'élan. Cela ne veut pas dire qu'il faut cogner de toutes ses forces comme un sourd. En fait, vous ne frapperez pas la balle plus loin en étant trop agressif au début de la descente ou en amorçant celle-ci trop précipitamment. Dans le plein élan, cadence et vélocité vont de pair.

Votre amorce doit être fluide, mais pas nécessairement lent. La fluidité devrait également être votre principale préoccupation quand vous changez de direction au sommet de l'élan. Si votre amorce et votre transition au sommet du mouvement sont fluides et rythmiques, vous générerez autant de vélocité que vous le désirez à la descente et vous pourrez attaquer la balle avec une bonne dose d'agression — du moment que vous conservez un bon équilibre, bien entendu.

La cadence de l'élan selon Judy Rankin.

Comment conserver la fluidité du mouvement à l'impact

La synchronisation selon Todd Anderson.

MAINS ET PIEDS SUIVENT UN MÊME RYTHME

N'oubliez pas que le bâton, les mains et les bras ne sont pas les seules choses qui bougent vers l'arrière puis vers l'avant durant l'élan. Pour que le mouvement soit fluide, il faut que vos pieds bougent aussi, et ce, en suivant le même rythme que vos mains. Pour développer ce genre de rythme, répétez l'exercice suivant : tenez une caisse de lait ou un panier de balles à deux mains, puis balancez-le d'avant en arrière en arrêtant le mouvement à hauteur de la taille. Commencez l'exercice en bougeant seulement les bras. Faites ensuite bouger vos bras et vos pieds à l'unisson en permettant à vos talons de se soulever de terre légèrement et à tour de rôle. Ce balancement rythmique des bras et des pieds est identique au mouvement que vous effectuez quand vous vous élancez.

ÉLIMINEZ LA TENSION

Le golf est une activité qui favorise la convivialité. Or, cet aspect du golf est problématique pour le joueur de faible calibre qui tient à impressionner ses pairs en frappant la balle aussi loin que possible. L'angoisse que vous ressentez lorsque vous jouez en présence d'autres personnes se traduira par une tension musculaire qui vous empêchera de jouer à votre meilleur. Tension, crainte et angoisse sont autant d'éléments qui inhibent votre circulation sanguine. Avant de vous élancer, secouez vos bras et vos mains. Cet exercice favorisera l'apport sanguin aux membres, ce qui vous aidera à vous détendre.

UTILISEZ LA BONNE ZONE DE DÉPART

Si vous croyez impressionner votre partenaire de jeu en utilisant la zone de départ arrière, détrompez-vous. De toute manière, il saura à quoi s'en tenir après que vous aurez bâclé les premiers trous. Jouez intelligemment en choisissant la zone de départ qui est conforme à vos capacités de golfeur. Votre match n'en sera que plus agréable.

PROLONGEZ VOTRE DÉGAGÉ

Vous pouvez accroître la puissance et la fluidité de votre descente en améliorant la qualité de votre dégagé. Exercez-vous à vous élancer pleinement et librement en prolongeant votre dégagé de manière que la tige de votre bâton touche votre dos à la fin de l'élan. La liberté de mouvement que cela nécessite vous aidera à effectuer des descentes fluides.

La finition de l'élan selon Johnny Miller.

Pour développer un élan puissant, il faut respecter la séquence du mouvement

LES EXERCICES PRATIQUES

LA SÉQUENCE DU MOUVEMENT À LA MONTÉE...

Pour bien synchroniser les différents éléments de votre élan, utilisez un gobelet en carton en guise d'indicateur. Percez un trou dans le fond du gobelet puis faites-le glisser, ouverture vers le bas, le long de votre bâton. Au sommet de la montée, marquez une pause afin que le gobelet puisse glisser le long du manche jusqu'à vos mains. En plus de vous inciter à effectuer une rotation complète des épaules, cette pause vous empêchera de sacrifier puissance et précision en effectuant une transition trop brutale de la montée à la descente.

La cadence de l'élan selon Dean Reinmuth.

... ET AU MOMENT DE L'IMPACT

Si la séquence du mouvement est correcte à la descente, le gobelet glissera à nouveau le long du manche et viendra buter contre la tête du bâton au moment de l'impact. Vous saurez alors que votre élan génère un maximum de puissance et de vélocité. Si vos mains devancent la balle comme c'est le cas dans la photo de gauche (voir ci-dessus), le gobelet ne touchera la tête du bâton qu'après que celle-ci aura traversé la zone d'impact.

Si vous désarmez les mains et les poignets trop tôt (ci-dessus, photo de droite), le gobelet atteindra la tête du bâton avant l'impact. En plus de vous faire perdre beaucoup de puissance, cette cadence erronée produira un coup intérieur ou un crochet extérieur très prononcé.

AMÉLIOREZ VOTRE JEU

90

Éliminez les facteurs qui ralentissent votre élan

LA TENSION EST VOTRE ENNEMIE

Le golfeur qui désire améliorer ses marques doit apprendre à générer davantage de vélocité avec la tête de son bâton. Or, c'est là une chose que vous ne pourrez pas faire si vos muscles sont tendus. Souplesse et détente sont deux facteurs primordiaux pour qui veut accroître la vélocité de son élan. Tout commence à la prise de position initiale. La position du golfeur dans la photo de droite (voir ci-dessous) ne lui permettra pas de frapper la balle sur une très grande distance. Il est en effet impossible de produire le mouvement ample et fluide nécessaire à une bonne vélocité quand on est tendu de la sorte. Lorsque vous prenez position, inspirez-vous plutôt de la photo de gauche : bras, mains et épaules sont détendus ; la tête n'est pas complètement penchée vers l'avant ; le menton est dégagé. De cette position, il est possible de s'élancer puissamment.

La relaxation selon Randy Smith.

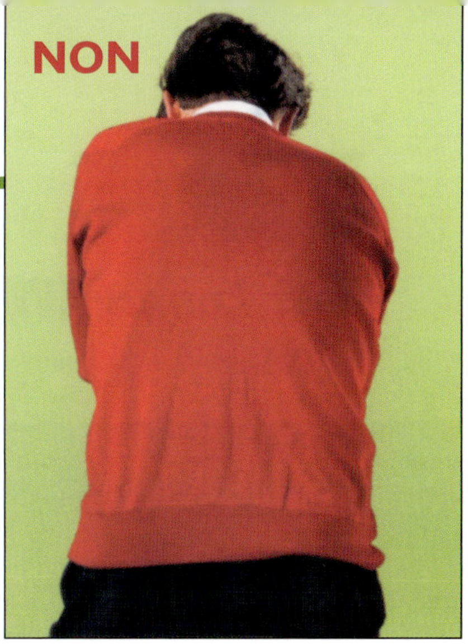

VÉLOCITÉ ET DISTANCE

Les golfeurs qui génèrent peu de vélocité à l'élan — les débutants, les femmes et les seniors, par exemple — gagneront énormément en distance s'ils utilisent un bois ayant un bon angle d'ouverture. Ces joueurs claqueront des coups de départ plus longs avec un bois doté d'un angle d'ouverture d'au moins 15 degrés.

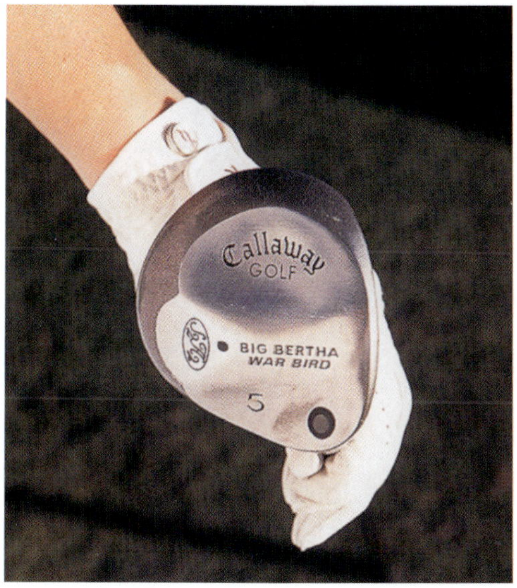

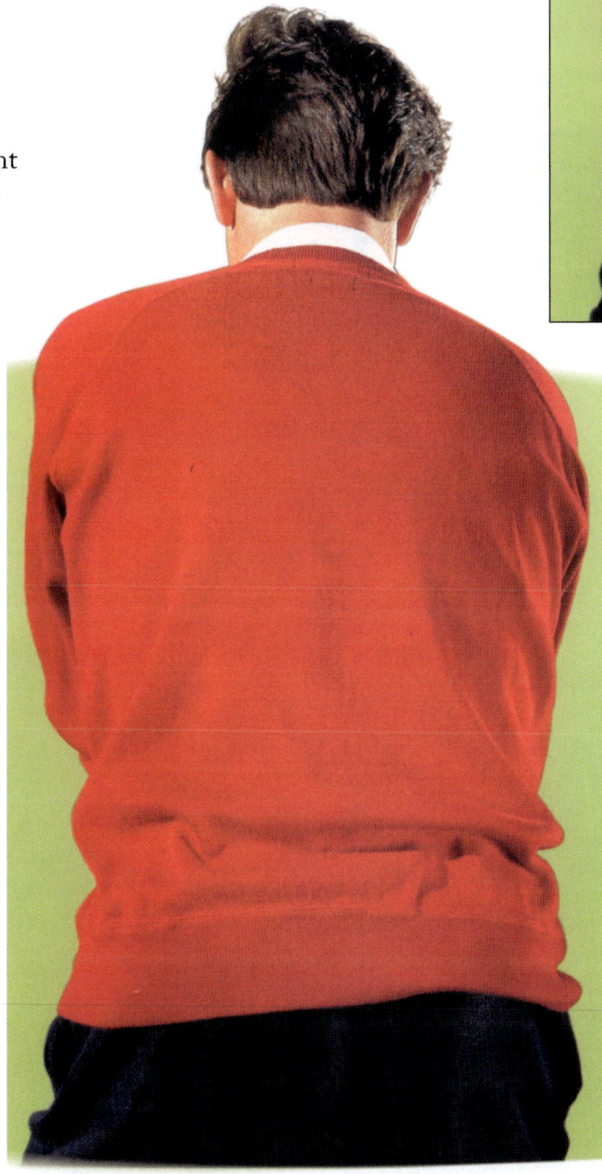

UNE MÉCANIQUE BIEN HUILÉE

Imaginez que vous êtes un robot et que votre prise est une mécanique bien huilée. Appliquez une pression constante en tenant la poignée fermement, mais pas trop. Une prise trop étroite ne ferait qu'entraver le mouvement de vos poignets.

LA DÉTENTE DU DOS

Une tension qui se manifeste au niveau de la prise provient généralement des muscles dorsaux. Pour assouplir votre élan, décontractez d'abord les muscles situés juste sous la nuque, entre les deux omoplates. Le relâchement des muscles de cette région sera aussitôt communiqué aux épaules, aux bras et aux mains. De cette position détendue, vous pourrez vous élancer en souplesse et très librement, ce qui vous permettra de générer davantage de vélocité et, par conséquent, de frapper des coups plus longs.

La bonne façon d'armer et de désarmer les poignets

L'action des poignets selon Peter Kostis.

GÉNÉREZ PLUS DE PUISSANCE EN ARMANT LES POIGNETS

Il y a tout un tas de considérations techniques qui peuvent distraire le golfeur pendant qu'il s'élance. Si vous voulez franchir le cap du 90, vous devez simplifier les choses au maximum en vous concentrant sur un seul aspect du mouvement. Concentrez-vous par exemple sur l'action de vos poignets. À la montée, armez les poignets avant que vos mains n'arrivent à hauteur des épaules. Désarmez ensuite les poignets à la descente pour les armer à nouveau au dégagé avant que vos mains n'atteignent la hauteur des épaules. Répétez cette motion fluide et compacte jusqu'à ce que vous l'ayez complètement assimilée ; cochez chaque coup si nécessaire. Une fois que vous aurez maîtrisé ce mouvement, vous obtiendrez toujours un contact solide avec la balle.

LA POSITION EN « L »

Insérez un té dans l'extrémité de la poignée de votre fer 8, puis effectuez une montée en pivotant légèrement et en vous arrêtant aux trois quarts du mouvement (voir photo de gauche ci-dessous). La tige du bâton devrait alors former un « L » avec votre avant-bras droit. De cette position, élancez-vous en vous arrêtant aux trois quarts du dégagé (voir photo de droite ci-dessous). C'est cette fois l'avant-bras gauche qui doit former un angle de 90 degrés avec la tige du bâton. Au terme de la montée et du dégagé, le té devrait être orienté sur l'axe de visée. Répétez cet exercice en frappant des balles placées sur un té, et vous verrez que votre élan gagnera très vite en constance et en vélocité.

LE DIAMÈTRE DE LA POIGNÉE

Plus la poignée d'un bâton est grosse, plus il est difficile de pivoter les poignets. Utilisez donc des bâtons dont la circonférence vous permet de bouger librement les poignets.

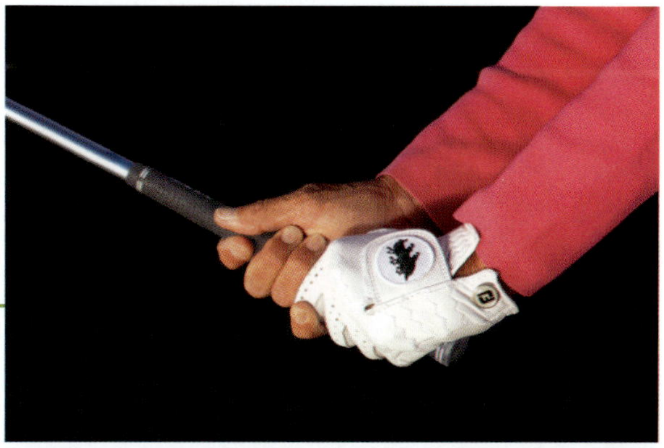

La séquence d'élan de Justin Leonard: le crochet intérieur léger

DES ENVOLÉES PLUS HAUTES, PLUS LONGUES ET PLUS PRÉCISES

Le crochet intérieur léger a toujours été mon coup favori. Comme je n'ai jamais pu générer une distance comparable aux gros cogneurs du circuit, il m'a fallu maîtriser à fond mes bâtons longs. Avec sa trajectoire de balle incurvée de droite à gauche, le crochet intérieur léger me permet d'obtenir un maximum de distance, particulièrement avec mon bois n° 1.

À la prise de position, votre poids doit reposer sur votre pied droit. Ne voûtez pas le dos et les épaules. Adoptez un écartement de pieds large ainsi qu'une posture athlétique; vous devez sentir que vous êtes paré à l'action. Ne vous penchez pas au-dessus de la balle et n'inclinez pas le torse en direction de la cible. La partie supérieure de votre corps doit se trouver derrière la balle. À l'amorce, votre bâton et vos mains doivent demeurer devant votre torse. Au sommet de la montée, vos mains doivent se trouver aussi loin que possible de votre tête et votre bâton doit être parallèle au sol. Vous ne devez en aucun cas dépasser la parallèle; c'est en tendant bien les bras et en faisant pivoter le haut de votre corps que vous générerez un maximum de puissance, et non en exagérant l'amplitude de votre montée.

Le golfeur en quête de distance avec son crochet intérieur aura bien souvent tendance à exagérer son élan. J'avais moi-même développé des mauvaises habitudes en tentant de rivaliser avec des gros canons comme Tiger Woods. J'avais par exemple pris l'habitude d'attaquer la balle de l'intérieur, puis d'utiliser mes mains pour redresser la face du bâton avant impact. Par conséquent, ma trajectoire de balle était trop basse et mes coups partaient dans tous les sens quand ma cadence était moins que parfaite. Comme vous pouvez le voir dans la séquence de droite, j'ai maintenant rectifié ces lacunes: mes bras sont bien tendus et tenus loin de mon corps à la descente; le plan de mon élan est exemplaire, ce qui me permet de générer davantage de vélocité et d'attaquer le quadrant intérieur arrière de la balle; je reste derrière la balle au moment de l'impact et j'effectue une extension complète des bras au dégagé. Remarquez qu'au terme de l'élan la boucle de ma ceinture fait face à la cible et la tige de mon bâton se trouve derrière moi, presque à l'horizontale — une finition classique au léger crochet intérieur.

Le crochet intérieur léger selon Justin Leonard.

Maîtrisez les rudiments du crochet intérieur léger

DONNEZ LE COUP D'ENVOI

Au football, le botteur de placement tire toujours le ballon selon une trajectoire incurvée vers l'intérieur. Cela est dû au fait qu'il attaque le ballon à partir de l'intérieur de l'axe de visée. Gardez cette image en tête quand vous frappez une balle de golf. Pour exécuter des crochets intérieurs puissants, vous devez faire en sorte que la tête du bâton attaque la balle de l'intérieur par rapport à l'axe de visée. Dans les photos ci-dessus, on voit que le pied du golfeur décrit un arc qui part de l'intérieur, puis revient vers l'intérieur après l'impact. Pour un maximum de puissance, votre bâton doit décrire un arc semblable durant l'élan.

UNE FINITION HORIZONTALE

Quand vous effectuez un léger crochet intérieur, veillez à ce que vos mains ne soient pas trop hautes à la finition et à ce que vos épaules soient à l'horizontale. Si vous visez une finition horizontale, vous serez tout naturellement porté à faire pivoter votre bras droit par-dessus le gauche au moment de l'impact, ce qui aura pour effet de refermer légèrement la face de votre bâton.

« SENTIR » LE CROCHET INTÉRIEUR

Assimilez les sensations reliées au crochet intérieur léger en imaginant que vous tenez un seau d'eau à deux mains et que vous déversez son contenu par-dessus votre épaule gauche. Pour faire cela, vous devez faire passer votre main droite par-dessus votre main gauche tandis que votre corps pivote vers la gauche. Vos mains sont parallèles l'une à l'autre et restent devant votre torse, exactement comme lorsque vous vous élancez.

S'exercer au crochet intérieur léger sur le terrain d'exercice

LES EXERCICES PRATIQUES

TROIS TRUCS TRÈS UTILES

Les golfeurs qui essaient de franchir le cap du 90 ont bien souvent du mal à atteindre le vert dans le nombre de coups prescrit. Une façon de remédier à cela est de frapper des coups plus longs. Or, le crochet intérieur léger permet au golfeur d'effectuer des coups de départ plus longs, lui laissant ensuite des coups d'approche plus courts et plus faciles à réaliser. Les trois trucs suivants vous aideront à perfectionner votre crochet intérieur léger.

Lors de votre prochaine séance sur le terrain d'exercice, essayez ceci : 1) orientez progressivement votre prise vers la droite jusqu'à ce que la balle courbe vers la gauche à tous les coups ; 2) placez la balle de plus en plus loin vers l'arrière dans votre position de pieds, et ce, jusqu'à ce que son envolée débute vers la droite ; 3) afin de générer plus de puissance et de vélocité à la descente, abaissez votre épaule droite à la prise de position initiale.

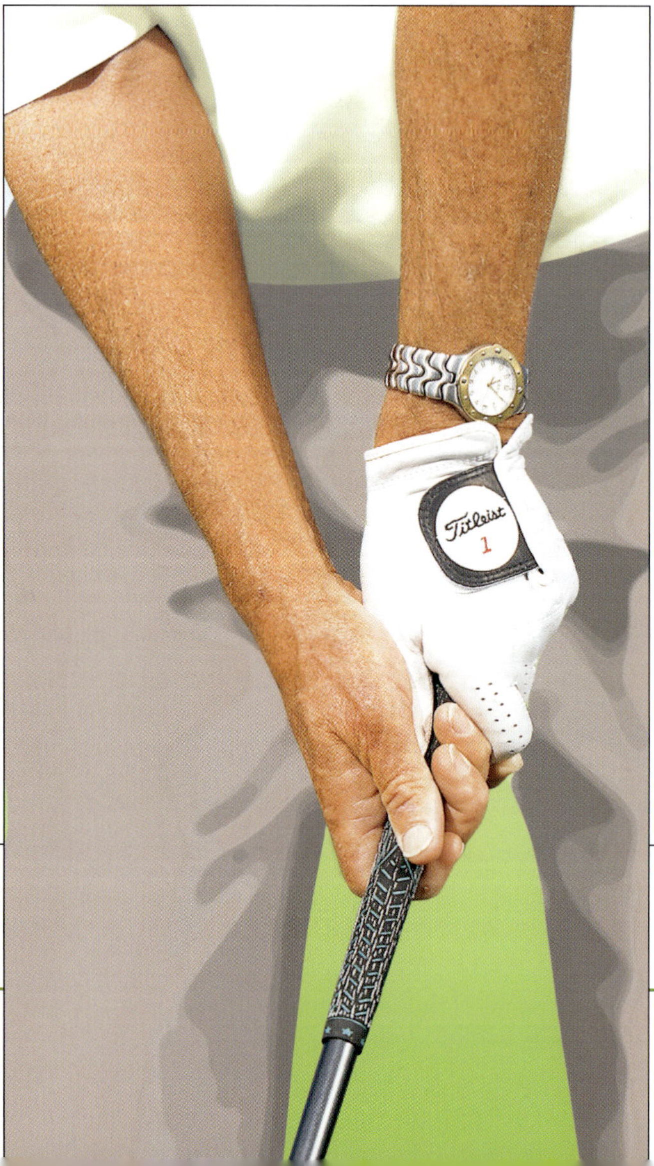

Le crochet intérieur léger selon Chuck Cook.

VISEZ LE QUADRANT INTÉRIEUR DE LA BALLE

Pour produire un léger crochet intérieur, il faut que le bâton se déplace à l'intérieur de l'axe de visée avant l'impact. La tête du bâton doit se trouver juste à l'extérieur de l'axe de visée au moment de l'impact, pour revenir à l'intérieur au dégagé. En procédant de cette façon, il vous sera pratiquement impossible de produire un crochet extérieur indésirable en attaquant la balle de l'extérieur vers l'intérieur.

QUELQUES AJUSTEMENTS SUBSÉQUENTS

Une fois que vous produirez des trajectoires de balle allant de droite à gauche avec régularité, revenez à une prise et à une position de balle plus traditionnelle. Je vous conseille d'attendre d'avoir maîtrisé le crochet intérieur léger avant de disputer des matchs sérieux. Ce n'est que lorsque vous serez capable d'exécuter ce coup avec régularité que vous aurez réellement confiance en vos capacités.

Le crochet intérieur léger fera de vous un meilleur golfeur, et ce, pour deux raisons :

- Il vous donne plus de distance au départ et dans l'allée, ce qui vous permet d'exécuter vos coups d'approche avec des fers plus courts et plus faciles à maîtriser.
- Il donne à votre élan un angle d'attaque moins prononcé, ce qui vous aidera à maîtriser vos bâtons longs.

Couronné champion du monde de distance à quatre reprises, Jason Zuback peut frapper la balle sur plus de 400 verges. Ses coups de départ sont un mélange parfait de technique et d'agression pure. Son torse demeure stable tout au long de la montée — laquelle, comme vous pouvez le voir, est phénoménale. Au moment de l'impact, son corps est derrière la balle et ses bras en pleine extension. Avis aux golfeurs amateurs : n'essayez pas cet élan à la maison !

AMÉLIORER VOTRE JEU
80

Franchissez le cap du 70 en maximisant la vélocité de votre élan

NE VOUS RETENEZ PAS: ÉLANCEZ-VOUS À FOND!

Plus vous générerez de vélocité avec votre tête de bâton et plus vos coups seront longs. C'est aussi simple que ça. Pour tout dire, vous aurez bien du mal à franchir le cap du 80 si votre distance n'est pas suffisante, et ce, même si votre petit jeu est excellent. Sans produire la vélocité d'un professionnel, tout homme devrait être en mesure de claquer des coups de départ de 240 verges (ce qui équivaut à une vélocité de 153 km/h avec un bois 1), tandis qu'une femme devrait viser une distance de 210 verges (137 km/h).

Pour augmenter la vélocité de votre élan, exercez-vous à vous élancer à fond. À l'entraînement, frappez 20 coups vigoureux de suite avec votre bois 1. Répétez cet exercice deux fois par jour. À la maison, élancez-vous aussi fort que vous le pouvez avec un bâton de baseball à raison de 50 élans par jour. Utilisez un bâton assez lourd, car cela vous habituera à tenir vos bras et vos poignets bien droits. Pour plus de force, faites un pas en avant lorsque vous vous élancez. Le bâton doit siffler dans les airs à chaque élan.

VOTRE ÉLAN EST-IL ASSEZ RAPIDE POUR UN FER 2 ?

Si vous n'êtes pas capable de frapper des coups de 260 verges avec votre bois 1, vous ne générez pas suffisamment de vélocité à l'élan pour pouvoir utiliser un fer 2. Employez plutôt un bois d'allée. Vos coups de départ n'atteignent pas 245 verges ? En ce cas, débarrassez-vous également de votre fer 3.

L'EXERCICE DE LA CORDE

Cet exercice tout simple vous aidera à générer un maximum de vélocité au moment opportun, c'est-à-dire juste avant impact. Agrippez l'extrémité d'une corde d'environ un mètre de longueur en appliquant votre prise habituelle, puis prenez position comme dans la photo ci-dessous. Élancez-vous ensuite comme vous le faites normalement. Si vous générez une vélocité suffisante dans la zone d'impact, la corde se redressera juste après le point d'impact comme c'est le cas dans la photo de droite.

La vélocité de l'élan selon Jim Goergen.

Apprenez à doser votre élan quand vous faites un crochet intérieur

UN EMPRUNT AU TENNIS : LE COUP DROIT BROSSÉ

Vous ne pouvez peut-être pas produire des coups de départ de 300 verges, néanmoins, sur un parcours ferme et rapide, vous pourrez atteindre cette distance en imprimant un effet accéléré à la balle. Imitant le coup droit avec effet brossé d'un tennisman, attaquez la balle selon un mouvement ascendant en faisant pivoter vos poignets à l'impact (voir ci-dessus). Votre balle va filer dans les airs telle une fusée et roulera sur une longue distance après avoir touché terre. Et comme ce coup produit une trajectoire de balle basse, vous aurez plus de facilité à le contrôler, surtout quand il y a du vent.

COMMENT VISER QUAND ON FAIT UN CROCHET INTÉRIEUR

Une bonne règle à suivre quand on s'apprête à frapper un léger crochet intérieur est de viser à 10 verges à droite de la cible. S'il est frappé solidement, le léger crochet intérieur vous donnera un peu plus de distance que de coutume. Ajustez donc votre choix de bâton en conséquence.

L'ASPECT MENTAL DU JEU

LAISSEZ VOTRE EGO DANS L'AUTO

Tout golfeur qui veut bien jouer et s'exercer efficacement devrait suivre ce conseil de Butch Harmon : laissez votre ego dans l'auto. Que ce soit sur le parcours ou au terrain d'exercice, n'oubliez pas que vous n'êtes qu'un simple mortel disposant de 14 bâtons avec lesquels il ne peut frapper la balle que sur une distance limitée. Il est essentiel que vous acceptiez cet état de choses. Vous ne ferez que bousiller votre élan en écoutant votre ego et en essayant de toujours cogner la balle le plus loin possible sans tenir compte de vos aptitudes. À l'entraînement, concentrez-vous sur vos faiblesses. Par contre, quand vous jouez, mettez l'accent sur vos capacités tout en tenant compte de vos limites.

Joe Durant, circuit de la PGA

UNE PREMIÈRE MÉMORABLE

Durant la semaine qui a suivi l'Omnium des États-Unis de 1998 à l'Olympic Club, j'ai joué dans l'Omnium Western. L'événement se déroulait au club de Cog Hill, en banlieue de Chicago, un parcours que j'adore. Qui plus est, j'étais en pleine forme à ce moment-là. Au premier jour du tournoi, je me suis fort bien défendu. Le lendemain, j'ai aussi très bien joué en dépit d'un délai de pluie de 90 minutes. Quand je suis arrivé au 18e trou, on m'a appris que je menais au classement. Non seulement y avait-il peu de spectateurs à ce moment-là, mais il n'y avait plus d'équipe télé sur place pour couvrir l'événement. Quand les annonceurs sportifs de la ville où j'habite — Pensacola, en Floride — ont appris que j'étais en tête du peloton, ils ont fait des pieds et des mains pour essayer de dénicher des images de mon exploit. Par la suite, on m'a confié qu'un annonceur avait relaté les faits saillants de la journée en utilisant une figurine faite de bâtonnets pour me représenter.

J'avais commencé la journée à quatre coups du meneur. Lee Janzen, qui avait remporté l'Omnium des États-Unis la semaine précédente, était mon partenaire de jeu. Comme nous étions bons amis, je me sentais très à l'aise même si c'était la première fois où j'étais à quelques coups du leader au dernier tour d'un tournoi de la PGA. Ce jour-là, j'ai vraiment joué à mon meilleur. Je me répétais constamment : « Vas-y, donne tout ce que tu as. Frappe la balle sans te soucier des conséquences. »

Au départ du 18e trou, je menais par trois coups. En apprenant la nouvelle, j'ai décidé de jouer prudemment pour la première fois de la journée. Ébranlé et manquant d'assurance, j'ai failli envoyer mon coup de départ dans un obstacle d'eau. Si le vent avait soufflé dans sa direction habituelle, ma balle aurait très certainement disparu dans l'étang et j'aurais perdu le tournoi. Ce n'est qu'une fois arrivé en bordure du vert que j'ai compris que le titre m'appartenait. Ce fut à tous points de vue une victoire mémorable.

Au 72e trou de l'Omnium Western de 1998, Joe Durant a évité la catastrophe de justesse pour remporter le tournoi. Ce fut sa première victoire sur le circuit de la PGA.

Chapitre 4

LES COUPS D'ALLÉE

Apprenez à frapper la balle avec puissance et constance lorsque vous utilisez vos fers et vos bois d'allée. Gardez votre balle en jeu, et vous atteindrez le vert sans problème.

AMÉLIORÉZ VOTRE JEU 100 90 80

LES COUPS D'ALLÉE

Faire avancer la balle

Frapper la balle à partir de l'allée, d'un élan ample et fluide : c'est là l'essence même du golf. Les coups d'allée font appel à tous les ingrédients fondamentaux du jeu. Tout commence par une séquence préparatoire bien établie. Le golfeur doit évaluer rapidement et avec assurance chaque aspect du coup qu'il est sur le point d'exécuter. Quelle est la position de balle ? Quelle cible choisir ? Quel bâton utiliser pour éviter les obstacles et se retrouver en bonne position au coup suivant ?

Les golfeurs du circuit professionnel ont rarement besoin de faire avancer leur balle dans l'allée parce qu'ils peuvent généralement toucher le vert en deux coups. Le golfeur amateur, par contre, doit nécessairement faire avancer sa balle prudemment et progressivement dans l'allée pour récolter de bonnes marques. Le golfeur qui joue dans les 100 devra se concentrer sur l'envolée de sa balle. Celui qui veut franchir le cap du 90 devra contrôler sa trajectoire de balle et éviter de faire des coups trop ambitieux qui risquent de le mettre en mauvaise posture. Pour passer sous la barre du 80, vous devrez travailler votre élan et votre gestion de parcours afin d'éliminer les élans bâclés ainsi que les erreurs de jugement et de concentration. Quel que soit votre niveau de jeu, votre objectif est d'effectuer des coups d'allée qui vous permettront de toucher le vert pour jouer la normale. Qui sait, peut-être récolterez-vous même quelques oiselets en cours de route.

Pages précédentes : Tiger Woods sait manier les fers moyens mieux que quiconque.

Colin Montgomerie s'élance ici avec un bois d'allée. Plus faciles à maîtriser que les fers longs, les bois d'allée sont maintenant faits de métal et ont un angle d'ouverture plus prononcé qu'auparavant. Ces bâtons sont aujourd'hui devenus des armes de choix dans l'arsenal du golfeur, tant chez les professionnels que chez les amateurs.

Du té à la pelouse : une transition délicate à effectuer

FACILITEZ-VOUS LA TÂCHE EN UTILISANT UN TÉ

Si vous ne maîtrisez pas encore les coups d'allée, déposez votre balle sur un té. Comme ça, vous n'aurez pas à vous soucier de votre position de balle ou de facteurs comme la qualité et la longueur de la pelouse.

Après avoir joué quelques parties avec un té, vous remarquerez que vous employez essentiellement le même élan pour tous vos coups d'allée. Cette simple observation vous aidera à gagner en assurance. À l'avenir, quand vous jouerez sans té, vous n'aurez qu'à ajuster légèrement cet élan de base pour l'adapter à votre position de balle.

Une fois que vous aurez appris à bien frapper la balle quand elle est perchée sur un té, exercez-vous à faire des coups d'allée en plaçant la balle juste devant un trou laissé par une motte de gazon arrachée. Ainsi, vous vous habituerez progressivement à frapper la balle lorsqu'elle est posée directement sur le sol.

VÉRIFIEZ TOUJOURS VOTRE PRISE

Que vous soyez au terrain d'exercice ou sur le parcours proprement dit, vérifiez toujours votre prise avant de frapper la balle. Si vous négligez cet aspect de la prise de position initiale, vous risquez d'acquérir ou de maintenir des mauvaises habitudes.

LA POSITION PARFAITE

Beaucoup de problèmes d'élan peuvent être résolus grâce à une bonne prise de position initiale. Dans la photo ci-contre, mes pieds et mes épaules sont parallèles à la ligne de cible. Comme ma main droite est plus basse que ma main gauche sur le manche du bâton, mon épaule droite est légèrement plus basse que mon épaule gauche. Mon torse est légèrement incliné vers la droite, ce qui favorise une trajectoire d'élan allant de l'intérieur vers l'extérieur à la descente. J'ai pris position de façon que la balle se trouve environ 5 cm sous mon talon gauche; mes mains devancent légèrement la balle. Cette position me permet de faire pivoter le haut de mon corps à la montée tout en conservant une bonne stabilité dans le bas du corps. Mon angle d'approche sera moins abrupt à la descente, ce qui me permettra d'obtenir un contact solide à tous coups.

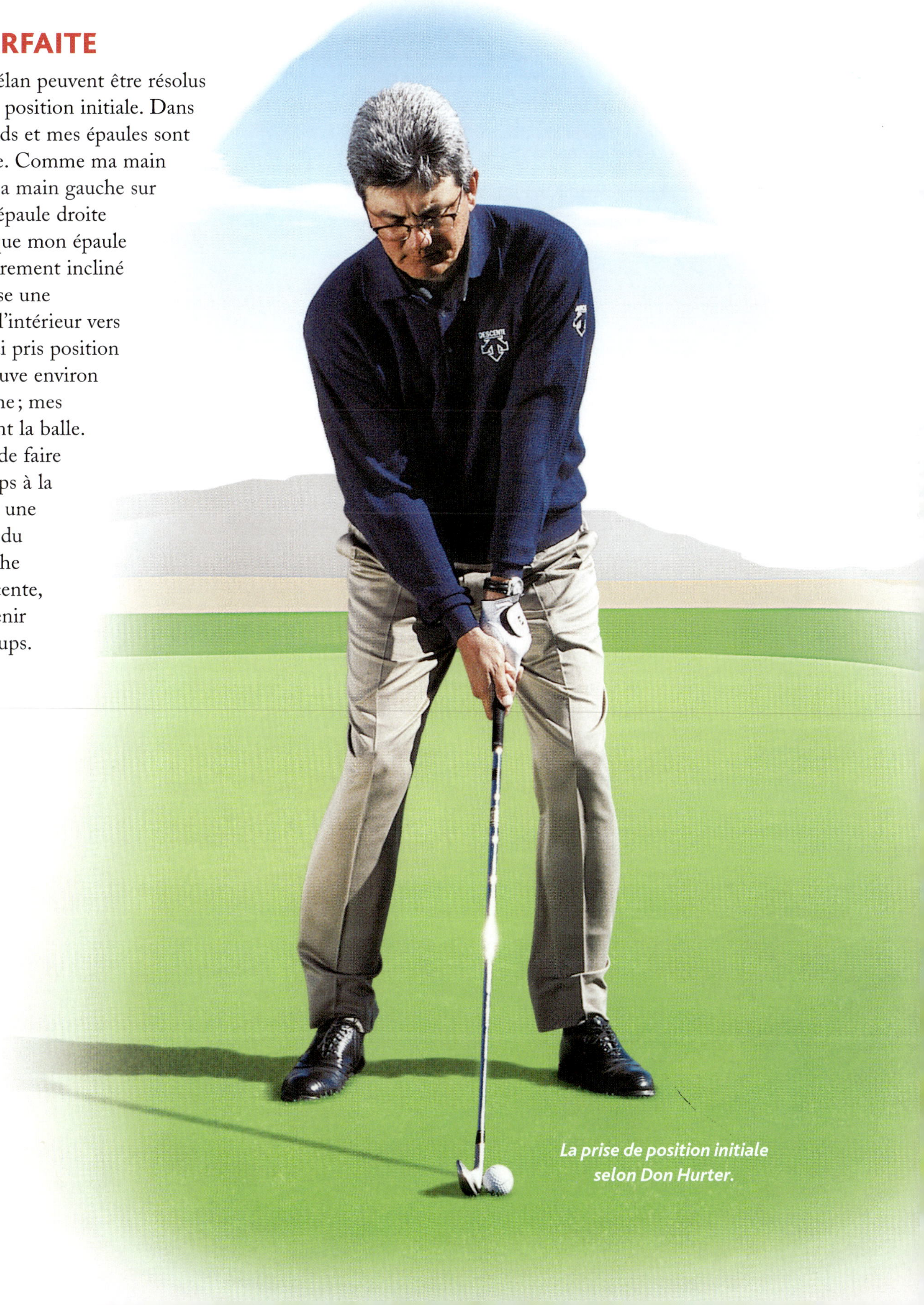

La prise de position initiale selon Don Hurter.

Comment éviter les coups gras ou calottés

LA POSITION DU DOS

Parce qu'ils ne savent pas qu'un élan s'effectue essentiellement avec les mains et les bras, les golfeurs débutants ou à handicap élevé ont tendance à utiliser tout leur corps durant l'élan. Utilisant le corps entier pour soulever le bâton, ils changent l'angle de leur dos à la montée et n'obtiendront donc pas un contact précis à l'impact.

Pour apprendre à maintenir votre dos dans une position constante durant l'élan, exercez-vous à prendre position, mais sans bâton. Effectuez ensuite une montée. Au sommet du mouvement, l'angle de votre dos doit être le même qu'à la prise de position initiale. Ne redressez pas le torse et la tête à la montée. En fait, votre tête ne devrait presque pas bouger. Répétez ensuite l'exercice avec un bâton.

L'angle d'attaque selon Jane Crafter.

COUPEZ DANS LE GRAS

Si vous frappez souvent gras, c'est peut-être que vous vous tenez trop près de la balle. Quand vous prenez position, reculez de quelques centimètres par rapport à votre position habituelle.

LA POSITION DES MAINS À L'IMPACT

Quand vous jouez avec un bois d'allée, vos mains doivent légèrement devancer la tête du bâton au moment de l'impact (voir ci-dessus). Avec un bois, je n'attaquerai pas la balle selon un angle abrupt comme c'est le cas avec un fer; mon angle d'attaque est plus horizontal, comme si je balayais la pelouse avec la tête du bâton. Si, comme bien des néophytes, vous tentez de propulser la balle dans les airs en faisant pivoter vos poignets, vous produirez un coup gras ou calotté — une chose à éviter. Vous devez en outre conserver tout au long de l'élan la même posture que vous aviez à la prise de position initiale. Il ne faut pas que vous vous penchiez ou que vous vous redressiez.

Éliminez les pointages élevés en jouant prudemment

SE TENIR À L'ABRI DU DANGER

Pour franchir le cap du 100, il faut absolument que vous bannissiez les marques élevées de votre carte de pointage. La prochaine fois que vous vous trouverez au départ d'un trou à normale 4 de 400 verges comportant plusieurs obstacles, ravalez votre orgueil et effectuez un coup de départ d'environ 150 verges avec un fer 5. Après avoir exécuté un second coup de 150 verges avec votre fer 5, vous toucherez le vert grâce à un coup d'approche de 100 verges effectué à l'aide d'un cocheur. Cette stratégie est peut-être moins héroïque que celle qu'emploierait Tiger Woods, mais, au pire, vous calerez la balle en deux roulés pour récolter un boguey. En tentant de toucher le vert en deux coups avec un long coup d'approche, vous risquez d'envoyer votre balle dans un obstacle d'eau ou au fond d'un bois. Visez le boguey sur les trous à normale 4 longs — ou même sur les normales 5 — et vous aurez tôt fait de passer sous la barre du 100.

ÉVITER LES SUCCESSIONS DE COUPS RATÉS

Le golfeur amateur qui vient de rater un coup prendra bien souvent une mauvaise décision au coup suivant. Quand votre coup de départ ou d'approche aboutit au fond d'un obstacle d'eau, ne vous fâchez pas. N'essayez pas non plus de jouer les héros parce que vous venez d'écoper d'un coup de pénalité. Efforcez-vous plutôt de jouer intelligemment et prudemment pour remettre la balle en jeu dans la meilleure position possible. Restez calme, ayez confiance en votre petit jeu, et vous vous épargnerez bien des coups inutiles.

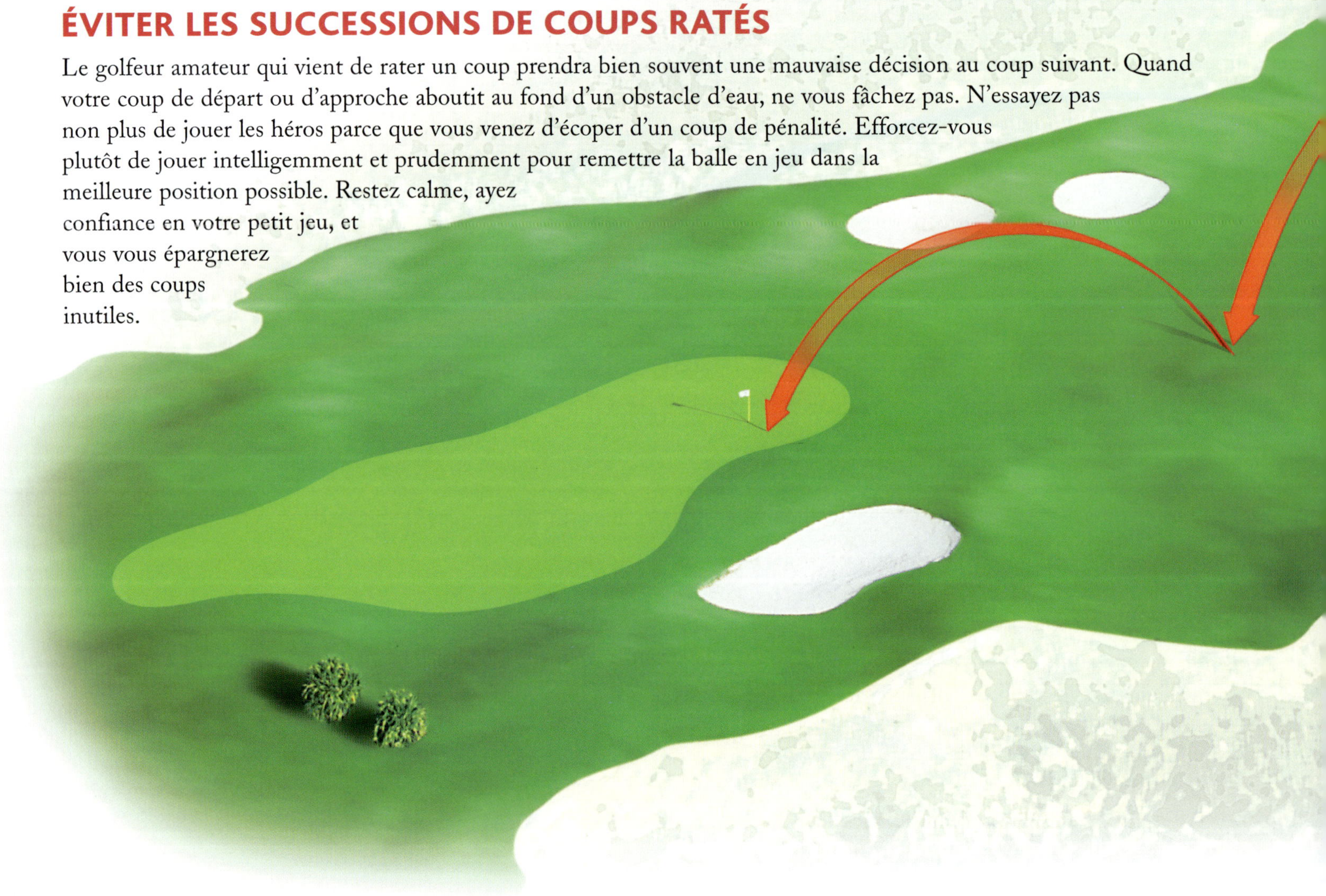

SOYEZ HONNÊTE AVEC VOUS-MÊME

Il est parfois tentant d'inscrire sur sa carte de pointage une marque plus basse que celle que l'on a réellement obtenue. Résistez à cette tentation. Considérez votre pointage comme un baromètre qui vous permet d'évaluer vos aptitudes et vos progrès. Même si vous avez manqué de peu l'objectif visé, vous apprécierez davantage vos résultats si vous comptez tous vos coups ratés et coups de pénalité.

Pour un élan fiable, apprenez à faire travailler vos bras en harmonie

LES EXERCICES PRATIQUES

TENDEZ LES BRAS

Je ne crois pas qu'il y ait d'erreur plus fréquente que celle que vous voyez dans la photo de gauche (voir ci-dessous). Au lieu de bouger les bras d'un seul bloc à la montée, je plie mon bras droit et le rabats contre mon corps. Ma montée sera courte, sans ampleur, et je ne pourrai pas effectuer une rotation complète du torse et des épaules. Pour vous défaire de cette mauvaise habitude, joignez vos bras à l'aide d'un gros ruban élastique comme dans la photo ci-contre. Frappez de petits coups en essayant de garder l'élastique tendu entre vos bras. Si vos bras bougent ensemble à l'amorce, l'élastique restera en place (voir ci-dessous, photo de droite). Vos coups seront plus droits et plus longs si vos bras travaillent en harmonie.

Le synchronisme des bras selon Randy Smith.

UNE AUTRE UTILISATION DU RUBAN ÉLASTIQUE

Même les très bons golfeurs font parfois l'erreur illustrée dans la photo de gauche quand ils essaient de frapper un coup puissant. Comme vous le voyez, mes bras ne bougeaient plus ensemble à l'impact et j'ai incliné mon épaule droite vers la balle. De cette position, je vais soit calotter la balle, soit frapper gras. Utilisez un élastique pour vous habituer à garder vos bras ensemble au moment de l'impact. Vous obtiendrez alors un contact solide et n'aurez aucun mal à attaquer la balle selon un mouvement descendant, comme dans la photo ci-dessus.

DES ABDOS D'ACIER

Les muscles abdominaux ont pour fonction de soutenir le mouvement de l'élan. Concentrez-vous sur vos abdos à l'amorcer… et vous verrez que vos mains et vos bras suivront à l'unisson.

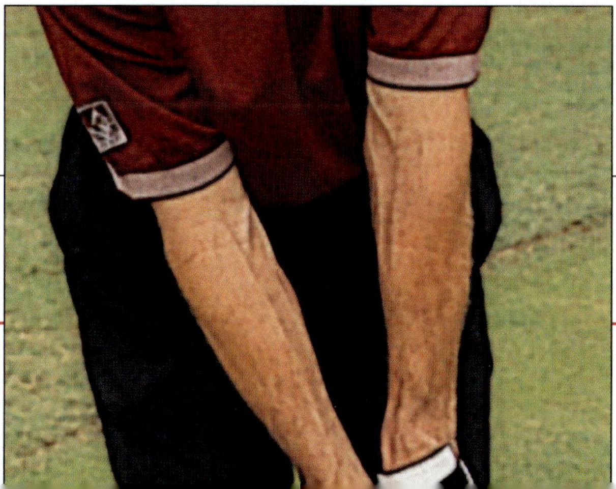

Répétez avant chaque coup la même séquence préparatoire

La séquence préparatoire selon Gale Peterson.

UN BON ÉLAN, ÇA SE PRÉPARE

Votre séquence préparatoire doit être à la fois simple, brève et efficace. Placez-vous derrière la balle et visez en vous concentrant sur une cible intermédiaire (voir ci-dessous). Effectuez ensuite un élan d'exercice en faisant exactement comme si vous frappiez la balle ; fouettez la pelouse en vous élançant et utilisez une feuille ou un autre repère sur le sol pour simuler votre point d'impact. Dites-vous bien que de balancer nonchalamment sa tête de bâton à 15 cm du sol sans viser quoi que ce soit ne constitue pas un élan d'exercice.

LE Dr BOB ROTELLA ET SA VISION DE LA SÉQUENCE PRÉPARATOIRE

Il y a des gens qui croient que j'accorde une trop grande importance à la séquence préparatoire. Ces mêmes personnes prétendent que la séquence préparatoire ne sert à rien, sinon à ralentir le rythme d'un match. Ces gens ont tort sur toute la ligne. Compte tenu qu'il s'agit là d'un aspect primordial du golf, j'accorde à la séquence préparatoire l'importance qu'elle mérite. Et je ne crois pas qu'elle doive se dérouler lentement, au contraire. Le golfeur qui aura développé une séquence préparatoire à la fois simple et précise en tirera deux avantages : premièrement, parce qu'elle consiste en une série de gestes automatiques, la séquence préparatoire empêche le golfeur de trop réfléchir, l'amenant plutôt à se fier à ses aptitudes et à son instinct ; deuxièmement, la séquence préparatoire aide le golfeur à se concentrer uniquement sur sa cible.

ACCÉLÉREZ LA CADENCE

Du moment que vous êtes courtois, que vous jouez rapidement et de façon sécuritaire, vous n'aurez aucun mal à trouver d'excellents golfeurs qui accepteront de jouer avec vous. Une bonne séquence préparatoire est composée de plusieurs éléments, mais ces éléments se doivent d'être effectués rapidement. Une séquence préparatoire typique ne devrait pas durer plus de 15 secondes. Soyez conscient du temps que vous accordez à ce rituel et ramassez votre balle si vous mettez trop de temps à la caler.

AMÉLIOREZ VOTRE JEU 90

L'importance de la gestion de parcours sur les trous longs

Le choix de bâton selon Beth Bauer.

ALLEZ-Y À FOND, MAIS SANS FORCER

Quand je joue dans des tournois pro-am, bien souvent mon partenaire amateur ne choisit pas un bâton suffisamment long par rapport à la distance qu'il doit couvrir. Pour atteindre sa cible, il doit alors s'élancer avec plus de force qu'il ne le devrait. Que ce soit pour franchir un obstacle d'eau ou tout simplement pour toucher le vert, élancez-vous toujours de façon détendue. Relaxez, ne forcez pas inutilement, et vous verrez que vous frapperez la balle sur une plus longue distance. Quand vous jouez en amont ou sous le vent, prenez un bâton ou deux de plus. Une fois que vous aurez choisi votre bâton, concentrez-vous entièrement sur le coup à exécuter et élancez-vous avec aplomb.

PAS DE BOIS 3 SUR L'ALLÉE

La plupart des golfeurs qui ont un handicap de 15 ou plus ont du mal à maîtriser leur bois 3 quand leur balle n'est pas perchée sur un té, comme c'est le cas sur l'allée. Utilisez plutôt votre bois 5, lequel est plus indulgent à partir de l'allée.

GARDEZ VOS DISTANCES

Si vous avez décidé de jouer prudemment, la pire chose que vous pouvez faire est d'envoyer votre balle en bordure d'un obstacle d'eau simplement pour gagner un peu de terrain. Pour éviter le grand plongeon, gardez vos distances.

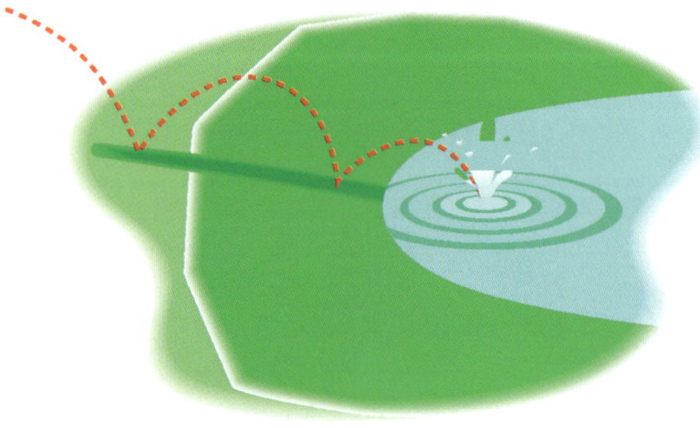

LES SECRETS DE L'ÉQUIPEMENT

L'UTILITÉ DU BOIS 7

Pourquoi les amateurs s'obstinent-ils à utiliser un fer 2 ou 3 là où les pros emploient un bois 7 ? Selon Scott Davenport, un golfeur amateur ne devrait utiliser son fer 3 que pour extraire sa balle d'un bois. Utilisez plutôt un bois 7 sur l'allée. Ce bâton facilitera l'envolée de la balle et vous permettra de couvrir une plus grande distance.

Peaufinez la trajectoire de votre élan à la descente

L'EXERCICE DE LA MAIN DOMINANTE

L'exercice suivant est le préféré de Jim McLean. Jim est propriétaire de plusieurs écoles de golf et il enseigne cet exercice à tous ses élèves. Exécuté avec la main dominante, c'est-à-dire celle avec laquelle vous écrivez et lancez, cet exercice vous aidera à développer un élan puissant et constant.

L'exercice consiste à s'élancer en tenant le bâton d'une seule main — la main dominante. Tenez votre coude loin du corps à la montée afin de produire un arc ample (voir encadré). Resserrez ensuite la trajectoire de bâton à la descente (voir photo principale). Le té que vous aurez inséré dans l'extrémité de la poignée de votre bâton devrait pointer vers le sol à la moitié de la montée et vers la cible à la moitié de la descente.

À LA DESCENTE, LE PARAPLUIE DOIT RESTER FERMÉ

Imaginez que vous vous élancez en tenant un parapluie entre vos mains. Si, à la descente, votre mouvement initial est orienté vers le côté, le parapluie s'ouvrira aussitôt (voir ci-dessous). Par contre, si le mouvement initial est orienté vers le bas, le parapluie restera fermé plus longtemps (voir ci-contre). Si vos mains se trouvent à hauteur de votre tête au sommet de l'élan, vous pourrez immédiatement amorcer la descente en un mouvement descendant, ce qui vous permettra de générer davantage de vélocité. Mais si votre montée est trop ample, vos mains aboutiront derrière votre tête au sommet de l'élan et auront donc à se déplacer vers l'extérieur avant de commencer leur mouvement descendant. Or, ce mouvement latéral vous fera perdre beaucoup de puissance. N'oubliez pas : au début de la descente, les mains doivent bouger vers le bas, et non vers le côté.

Le début de la descente selon Tom Ness.

Quand et comment utiliser les fers longs

DEUX CONSEILS CONCERNANT LES FERS LONGS

Les bois d'allée polyvalents jouissent aujourd'hui d'une popularité bien méritée. Cela dit, quand on joue sous le vent, il est préférable d'utiliser un fer long, car ce type de bâton produira une trajectoire de balle plus basse. Voici deux conseils concernant l'utilisation des fers longs :

Complétez votre montée. N'abrégez pas votre rotation d'épaules à la montée — c'est là l'erreur la plus fréquente en ce qui concerne les fers longs. À la fin du mouvement, votre épaule avant doit se retrouver derrière la balle. Pour vous exercer à bien effectuer cette rotation, tenez un bâton en travers de votre poitrine, puis faites pivoter vos épaules jusqu'à ce que la tête du bâton pointe derrière la balle.

Ne vous élancez pas avec plus de force que d'habitude. Bien des gens croient qu'il faut frapper plus fort avec un fer long. C'est faux. Si le contact est solide, la balle filera dans les airs sans problème. Pour bien achever votre montée et obtenir un bon contact quand vous employez un fer long, élancez-vous avec un peu plus de fluidité — et peut-être même avec un peu moins de force — que de coutume.

L'élan du fer long selon Butch Harmon.

APPRENEZ À APPRIVOISER VOS FERS LONGS

Même les meilleurs golfeurs craignent les fers longs. C'est pour cela que les joueurs du circuit professionnel préfèrent utiliser leur fer utilitaire et leurs bois polyvalents dans l'allée. En fait, les fers longs sont si difficiles à apprivoiser que l'on dira d'un golfeur qui sait contrôler son fer 2 qu'il maîtrise tous les bâtons de son arsenal. Avec un fer long, il faut balayer la pelouse en tranchant la terre aussi finement que possible. Compte tenu de l'angle d'ouverture très fermé de ces bâtons, il ne faut pas que votre descente soit trop abrupte.

UN FER DANS LE VENT

Si vous savez avant le début d'un match que le temps sera venteux, retirez votre bois 7 de votre sac et remplacez-le par un fer 3 ou 4. Il est plus facile de produire une trajectoire de balle basse avec un fer long qu'avec un bois.

Le contrôle du fer 2 selon Janet Coles.

Affinez votre élan, votre stratégie et... votre équipement

La stratégie selon Rick Smith.

LA PLANIFICATION DE LA DISTANCE

Admettant que vous jouiez à partir de l'indicateur de 270 verges, n'empoignez pas automatiquement votre bois 3 avec l'intention de claquer la balle directement sur le vert. Ce type de coup vous laissera plus souvent qu'autrement dans une position délicate puisque, même si vous l'exécutez à la perfection, vous vous retrouverez nécessairement entre deux bâtons. La stratégie à adopter en ce cas-ci est d'éviter l'obstacle d'eau de gauche tout en vous accordant toutes les chances possibles de réussir la normale ou un oiselet. Pour ce faire, utilisez un fer 6 et jouez à court. De là, vous atteindrez aisément le vert en vous élançant pleinement avec votre cocheur d'allée ou votre fer 9.

UN TRUC POUR ÉVITER LES BALLES CALOTTÉES

Lorsqu'ils jouent à partir d'une position de balle serrée, les golfeurs chevronnés utilisent leur bois d'allée pour frapper la balle en un mouvement descendant. Le truc est de jouer la balle vers l'arrière dans votre position de pieds et de la « coincer » entre la tête de bâton et le sol afin qu'elle rebondisse sur la pelouse. En employant cette technique, vous éviterez de calotter la balle.

LES SECRETS DE L'ÉQUIPEMENT

LES CARACTÉRISTIQUES TECHNIQUES D'UN BÂTON

Les golfeurs professionnels utilisent des bâtons fabriqués sur mesure en fonction de leurs besoins. Les bâtons de Jack Nicklaus étaient dotés d'un angle d'ouverture précis lui permettant de frapper la balle à une distance spécifique. Puisque les fers modernes ont généralement un bon angle d'ouverture, l'amateur devrait plutôt se préoccuper de l'angle au sol. Si cet angle est trop horizontal, la pointe du bâton frappera le sol avant de toucher la balle, ce qui aura pour conséquence d'ouvrir l'angle de face. Si vous devez choisir entre deux bâtons, optez pour celui dont l'angle au sol est plus vertical. Le poids de la tige est un autre facteur important ; une tige trop lourde ou trop légère affectera à coup sûr la maniabilité du bâton. En revanche, vous n'avez pas à vous préoccuper outre mesure du degré de flexibilité de la tige ; une rigidité R (régulière) ou S (rigide) fera très bien l'affaire.

Adam Scott, circuit de la PGA

UNE PREMIÈRE MÉMORABLE

Je me rappelle que j'étais très nerveux au dernier tour du Dunhill Championship de 2001. Et pour cause : c'était la première fois que je commençais le tour final d'un championnat professionnel en tête du classement. Mon partenaire de jeu était Justin Rose, ce qui me convenait parfaitement vu que nous étions du même âge. Pour une raison ou une autre, je trouvais plus stimulant de me mesurer à lui plutôt qu'à un joueur plus âgé comme Nick Faldo.

À un moment de la partie, je menais par quatre coups. Puis j'ai eu besoin de trois roulés sur deux verts, ce qui m'a reporté à un coup derrière le meneur. Heureusement pour moi, j'ai réussi l'oiselet sur trois des cinq derniers trous pour remporter la victoire avec un coup d'avance. Au 14e trou, j'avais réussi un roulé tortueux de près de 9 mètres, ce qui m'avait énormément motivé.

Il n'y a rien de tel que de remporter un tournoi de cette façon-là. Pour remonter la pente alors que j'avais glissé au second rang, il a fallu que je passe en vitesse supérieure et réussisse des coups exceptionnels. J'avais vraiment le sentiment d'avoir mérité cette victoire.

Le jeune et svelte Australien Adam Scott est l'un des plus gros cogneurs du circuit professionnel. Sa moyenne sur les coups de départ est de 300 verges.

Chapitre 5

L'APPROCHE LOBÉE

Pour obtenir de bonnes marques, il faut être capable de faire des approches lobées qui s'arrêteront près du trou. Maîtrisez l'élan réduit de ce coup et vous serez imbattable en bordure du vert.

AMÉLIORЕZ VOTRE JEU 100 90 80

L'APPROCHE LOBÉE

La maîtrise du mini-élan

Si vous acquérez de la constance dans l'exécution de vos coups d'approche, non seulement vous épargnerez-vous quelques coups en bordure du vert, mais vous améliorerez également la cadence et la qualité de contact de votre plein élan. Les bases du mini élan sont les mêmes que celles du plein élan : la position initiale est athlétique et équilibrée ; les bras et le corps bougent à l'unisson ; le mouvement est à la fois ferme et fluide. Pour obtenir un bon contact, il faut frapper l'arrière de la balle selon un mouvement descendant, ce qui la fera s'élever dans les airs.

Mais la technique n'est pas tout. Les coups d'approche lobés nécessitent également une bonne dose de planification stratégique et d'imagination. Pour employer ce type de coup à bon escient, il faut être capable d'analyser le vert. Si vous prenez des décisions plus éclairées en ce qui concerne votre petit jeu, vous aurez tôt fait d'abaisser vos marques.

Le golfeur qui joue dans les 80 et qui veut passer dans les 75 se doit de choisir judicieusement ses coups d'approche. Même les pros ne parviennent pas toujours à « sauver la normale » après un coup d'approche lobé médiocre qui les a laissés à plusieurs mètres de la coupe. La beauté du mini-élan est que tout golfeur est en mesure de le maîtriser – du moment qu'on lui a prodigué des conseils techniques adéquats, cela va de soi.

Pages précédentes : Greg Norman effectuant une très belle approche lobée à partir d'une position de balle dénivelée.

Superstar de la LPGA, Annika Sorenstam a l'un des élans les plus fluides et les plus efficaces du circuit. Son élan d'approche est une version réduite de son plein élan. C'est l'un des facteurs qui fait qu'elle mène le classement depuis plusieurs années chez les dames.

Le mini-élan : une question de touche et de technique

LE POIDS À GAUCHE

Quand vous exécutez un coup d'approche, votre poids doit être distribué selon un rapport de 60/40 : 60 pour cent de votre poids devrait reposer sur votre pied gauche, et 40 pour cent sur le pied droit. Si vous laissez votre bâton pendre sous votre menton comme dans la photo ci-contre, la balle devrait se trouver à bonne distance derrière la tige. Vos mains doivent devancer la balle à la prise de position initiale (voir encadré). De cette position, vous serez en mesure d'attaquer la balle selon un mouvement descendant, permettant ainsi à l'angle de face du bâton de propulser celle-ci dans les airs.

La position initiale selon Jane Crafter.

UN COUP EN ARC-EN-CIEL

Lorsque vous vous préparez à faire un coup d'approche lobé, imaginez que la trajectoire de votre balle adoptera la cambrure d'un arc-en-ciel. Ce genre d'imagerie mentale vous aidera à bien visualiser le coup.

LA BALLE S'ÉLÈVE GRÂCE À L'ANGLE DE FACE

Le golfeur qui veut atteindre un vert surélevé ou franchir un obstacle, telle une fosse de sable, aura recours au coup d'approche lobé. N'essayez pas de favoriser l'envolée de la balle en la ramassant par en dessous. Votre bras gauche et la tige du bâton devraient former une ligne droite juste après l'impact, et non avant. Gardez la face de bâton perpendiculaire à la cible et laissez à l'angle d'ouverture le soin de propulser la balle dans les airs.

La trajectoire de balle selon Jack Lumpkin.

Contrôlez la distance de vos approches lobées en améliorant votre touche

UN EXERCICE SENSITIF

Avant que votre petit jeu ne devienne pour vous un atout, il vous faudra apprendre à évaluer la distance de vos coups d'approche de façon instinctive. Afin de développer cette faculté, exercez-vous à lancer des balles sur le drapeau du vert d'exercice ; votre corps apprendra ainsi à associer une distance spécifique à une certaine amplitude de mouvement. Lorsque vous jouerez par la suite, imaginez comment vous lanceriez la balle pour qu'elle atteigne la cible, puis choisissez le bâton et le type d'élan qui vous permettront de reproduire cette trajectoire imaginaire.

UN AUTRE EXERCICE SENSITIF

Quand un bon golfeur effectue ses élans d'exercice, il essaie d'évoquer la sensation que lui procurera le coup proprement dit en brossant la pelouse. La friction entre pelouse et tête de bâton doit être la même à chaque élan d'exercice.

LE RAPPORT ENTRE DISTANCE ET FORCE D'ÉLAN

Pour bien réussir ses coups d'approche lobés, il faut savoir quelle amplitude donner à son élan pour produire une distance donnée. L'approche lobée peut s'effectuer avec deux types d'élan : le « demi-élan », où les mains ne dépassent pas la hauteur de la taille ; et l'élan « 3/4 », où les mains dépassent légèrement la hauteur de la taille. En termes d'amplitude, ces élans se situent entre l'approche roulée et le plein élan. Bien que d'ampleur réduite, ces élans ne doivent pas être tronqués ou abrégés. Gardez le bas du corps stable et effectuez une finition complète.

Le contrôle de la distance selon Gale Peterson.

En travaillant vos approches lobées, vous améliorerez votre plein élan

LES EXERCICES PRATIQUES

VISEZ LA FOSSE DE SABLE

La plupart des terrains d'exercice disposent une fosse de sable devant leurs verts. À votre prochaine séance d'entraînement, frappez des balles dans la fosse sur une distance de 30 à 80 verges. Ces fosses sont des cibles parfaites pour le golfeur qui veut apprendre à contrôler sa distance. Grâce à cet exercice, vous saurez quel bâton utiliser et avec quelle force vous élancer quand vous aurez à franchir une fosse de sable lors d'un match.

S'EXERCER À LA MAISON

Perfectionnez votre approche lobée dans le confort de votre cour arrière en frappant des balles dans un parapluie posé à l'envers sur le sol. Lors de votre prochain match, vous verrez que votre petit jeu aura gagné en précision.

La précision selon John Elliott junior.

La cadence de l'élan selon Rick Smith.

UN EXERCICE DE SYNCHRONISME

L'exercice suivant vous aidera à synchroniser le mouvement de vos bras, de vos épaules, de vos hanches et de vos jambes durant l'élan. Plaquez votre main gauche contre votre poitrine, puis exécutez une rotation arrière complète. Votre bras et votre torse doivent pivoter ensemble vers l'arrière, comme dans la photo ci-dessus. Effectuez ensuite une descente fluide et frappez la balle. Si le mouvement de votre bras devance celui du torse, vous calotterez la balle. Si votre torse devance votre bras, vous frapperez grand puisque la tête du bâton touchera le sol avant la balle.

Frappez vos approches lobées en hauteur pour toucher le vert en toute sécurité

GARDER LA FACE OUVERTE À L'IMPACT

L'élan de l'approche lobée est similaire au plein élan à cette différence que, pour faire un coup lobé, la face du bâton doit demeurer légèrement ouverte tout au long du mouvement. Vous ne loberez pas la balle bien haut si la face de votre bâton est fermée. Pour effectuer un coup d'approche lobé, la tête du bâton doit glisser sous la balle en balayant la pelouse. Pour obtenir un beau coup en hauteur, n'abaissez pas votre prise et ne tranchez pas la terre trop profondément.

L'approche lobée selon Hank Haney.

LES SECRETS DE L'ÉQUIPEMENT

COMBLEZ L'ÉCART

Pour un maximum de flexibilité, vous devriez tenir dans votre sac de golf trois cocheurs différents ayant des angles d'ouverture variant de 4 ou 5 degrés – demandez au besoin à un professionnel de calculer l'angle de face de vos cocheurs. On estime que chaque degré d'ouverture représente deux à quatre verges de distance. Or, idéalement, il devrait y avoir entre vos cocheurs un écart de dix verges.

CINQ TRUCS POUR LOBER PLUS HAUT

Plus la trajectoire d'un coup est haute et plus ce coup comporte de risques. Cela dit, l'utilité de l'approche lobée réside dans le fait qu'il s'agit d'un coup tout en hauteur. Voici cinq trucs pour faire des lobs bien hauts :

- Ouvrez la face de votre cocheur de sable de façon à l'orienter légèrement à droite de la cible.
- Visez légèrement à gauche de la cible.
- Adoptez une position ouverte.
- Faites un élan plus ample que ce que vous feriez normalement à distance égale. Votre élan doit être aussi long que si vous frappiez la balle sur cette même distance, mais à partir d'une fosse de sable.
- Effectuez un dégagé complet. Ne freinez pas votre élan après impact.

Prenez de bonnes décisions quand vous jouez en bordure du vert

LE CHEMIN LE PLUS COURT N'EST PAS TOUJOURS LE MEILLEUR

Dans la situation illustrée ci-dessous, le golfeur dont le handicap est élevé devrait jouer de prudence en visant un point situé à gauche du drapeau. Le golfeur chevronné, par contre, tentera plutôt d'envoyer sa balle à proximité du trou en effectuant un lob très haut. Une excellente option est d'effectuer un lob moins haut et donc moins risqué vers la gauche, permettant ainsi à la balle de rouler vers le trou en suivant l'inclinaison du vert. De façon générale, ne tentez un coup que si vous êtes convaincu de pouvoir le réussir au moins une fois sur deux.

VISEZ UNE ZONE SPÉCIFIQUE

Quand vous faites une approche lobée, visez toujours une zone spécifique du vert. Cela dit, ne vous mettez pas trop de pression sur les épaules en vous donnant une cible trop réduite; il n'est pas nécessaire que vous fassiez preuve d'une précision absolue. Imaginez qu'une nappe de pique-nique est étalée sur le vert et essayez de l'atteindre avec vos approches lobées. La taille de cette cible dépendra de la distance du coup: plus la distance sera courte, plus votre cible sera petite, et vice-versa.

L'ASPECT MENTAL DU JEU

LES AVANTAGES DU PETIT JEU

Selon Bob Rotella, il est normal de manquer le vert quand on joue avec un fer long. Les joueurs du circuit professionnel manquent en moyenne six verts par partie quand ils utilisent ce type de bâton et, malgré tout, ils parviennent à jouer dans les 60 et 70. Leur secret: ils ont beaucoup travaillé leur petit jeu.

À l'entraînement, attelez-vous à perfectionner vos coups d'approche lobés et roulés, ainsi que vos sorties en explosion. Consacrez autant de temps que possible à ces trois aspects du petit jeu, car ce sont ces coups qui, bien plus que les coups de départ de 280 verges, vous permettront d'améliorer votre handicap.

Apprenez à faire des lobs hauts, mais tout en douceur

Le coup lobé selon Josh Zander.

LOBEZ EN LIMITANT L'ACTION DES POIGNETS

La plupart des golfeurs arment trop les poignets quand ils font un coup lobé (voir ci-contre). Si le mouvement de vos poignets est exagéré, vous aurez du mal à contrôler la distance du coup et vous aurez tendance à frapper gras. Un coup lobé s'exécute principalement avec les bras et le corps. Gardez la face du bâton ouverte et faites un élan ample en n'armant que très légèrement les poignets. Vous contrôlerez beaucoup mieux ce coup délicat si vous limitez l'action des poignets.

LES SECRETS DE L'ÉQUIPEMENT

CONCENTREZ-VOUS SUR UN BÂTON EN PARTICULIER

Il est préférable d'apprivoiser à fond un seul bâton plutôt que de tâtonner avec différents bâtons que l'on ne maîtrise pas. Phil Mickelson emploie toujours le même bâton en bordure du vert. Judy Rankin utilise depuis 30 ans un cocheur de sable Wilson R90 ; ce bâton a l'air complètement désuet, n'empêche qu'il a fait ses preuves. Bref, restez fidèle aux bâtons que vous connaissez le mieux.

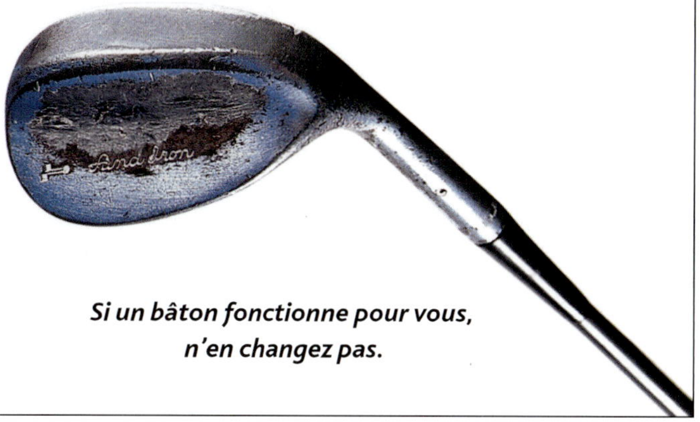

Si un bâton fonctionne pour vous, n'en changez pas.

DES BÂTONS SPÉCIALISÉS

Selon Hank Haney, un bâton spécialisé peut vous aider à effectuer de beaux lobs bien hauts. La plupart des manufacturiers produisent maintenant des cocheurs à angle d'ouverture de 62 degrés qui remplaceront avantageusement ce fer 1 ou 2 que vous utilisez rarement. Vous vous exercerez à contrôler la distance de vos coups avec ce bâton à angle d'ouverture élevé en variant la longueur de votre élan et en ouvrant ou refermant la face du bâton. Remarquez qu'avec ce type de bâton, vous n'aurez pas à trop ouvrir la face pour obtenir une trajectoire de balle haute. Un conseil, cependant : à la prise de position initiale, jouez toujours la balle vers l'avant dans votre position de pieds.

POUR BIEN LOBER, RELAXEZ

Afin de bien réussir un coup lobé, il faut être détendu. Votre élan doit être long et « paresseux ». Essayez d'imiter la touche légère et la cadence fluide de Fred Couples. Élancez-vous plus lentement et mollement que d'habitude en faisant bien glisser la tête de bâton sous la balle ; l'angle de face du bâton se chargera de propulser la balle haut dans les airs.

Joueur étoile de la PGA, le gaucher Phil Mickelson fait toujours montre d'imagination et de précision dans son petit jeu. Sa spécialité est le lob élevé, un coup très haut qui redescend à la verticale pour atterrir tout doucement sur le vert.

Maintenant que vous maîtrisez le lob de base, essayez ces coups spécialisés

LE COCHEUR DE SABLE DANS L'HERBE LONGUE

Vous aurez recours à ce coup quand votre balle aboutira dans l'herbe longue à proximité du vert – et particulièrement dans le cas d'un vert à surface réduite. Ce lob haut et lent qui s'arrête net en touchant le vert aura l'heur d'épater vos partenaires de jeu.

Secret n° 1 : Visez un point situé entre 12 et 15 cm derrière la balle. Jouez la balle vers l'avant dans votre position de pieds et utilisez un cocheur de sable de 56 degrés ou un cocheur de lob de 60 degrés.
Secret n° 2 : Effectuez un pivot sur la jambe arrière, puis élancez-vous en accompagnant bien la balle au dégagé.

Lober à partir de l'herbe longue selon Jim McLean.

DES LOBS QUI ONT DU MORDANT

Donnez du mordant à vos lobs en imprimant un effet rétro à la balle. Pour obtenir un effet rétro très marqué, raffermissez votre prise au niveau de la main gauche ; votre poignet gauche doit rester ferme au moment de l'impact. Grâce à cette technique, vos lobs feront un rebond sur le vert puis s'arrêteront pile.

LOBER D'UNE POSITION DE BALLE SERRÉE

Vous pensez maîtriser votre cocheur de lob ? Alors tentez de lober à partir d'une position de balle serrée. Prenez position de façon que la balle soit à hauteur de votre pied arrière. Jouer ainsi la balle vers l'arrière réduit l'angle d'ouverture du bâton ; pour compenser, ouvrez la face, ce qui augmentera l'indice de rebondissement de la tête du bâton et empêchera le bord d'attaque de s'enfoncer dans le sol. Tout en gardant votre poids et vos mains légèrement vers l'avant, faites glisser le bâton sous la balle sans trancher la terre. Le dégagé sera de faible amplitude.

Lober d'une position serrée selon Don Hurter.

Exercez-vous en simulant les conditions rencontrées sur le parcours

VARIEZ VOS COUPS AU TERRAIN D'EXERCICE

Si vous répétez toujours le même coup chaque fois que vous allez au terrain d'exercice, il est évident que vous en viendrez tôt ou tard à le maîtriser complètement. Peut-être frappez-vous toujours des approches lobées de trente mètres à partir d'une position de balle idéale et en visant toujours le même drapeau. Le problème est que vous serez rarement confronté à cette situation précise lors d'un match. Sur le parcours, tout peut arriver. C'est pourquoi vous devez vous efforcer de reproduire à l'entraînement les conditions observées sur le parcours. Exercez-vous à viser une même cible, mais à partir de positions différentes, et n'hésitez pas à tenter des coups différents à partir de positions de balle plus difficiles.

Le réalisme à l'entraînement selon Randy Smith.

LE CHOIX DE LA BALLE

Les golfeurs de handicap moyen devraient utiliser des balles dures parce qu'elles favorisent la distance. En revanche, les joueurs à faible handicap ont besoin d'une balle plus tendre qui favorise contrôle et rotation.

Stuart Appleby, circuit de la PGA

UNE PREMIÈRE MÉMORABLE

Ma première victoire sur le circuit de la PGA fut toute une aventure. Ne m'étant pas qualifié à Doral en 1997, je m'étais beaucoup entraîné pour le Honda Classic, qui avait lieu la semaine suivante. Je ne savais pas si j'allais mieux me débrouiller pour ce tournoi, mais j'avais l'impression d'avoir débloqué quelque chose à l'entraînement et j'étais très satisfait de mon élan. Mes attentes n'étaient pas particulièrement élevées au départ du Honda Classic, néanmoins j'avais confiance en mes capacités. Les verts étaient fantastiques cette semaine-là. Il y avait du vent, ce qui me convenait parfaitement vu que ça me rappelait les conditions auxquelles j'étais habitué chez moi, en Australie.

J'ai bien joué toute la semaine, ce qui m'a permis de rester dans la course. Arrivé au dimanche, nous devions jouer 36 trous. Je me suis très bien défendu et j'ai eu beaucoup de succès avec mes roulés. Au 14e trou, une normale 5, j'ai calé la balle grâce à un coup d'approche lobé quasi miraculeux, ce qui m'a valu un aigle. Du même coup, je me suis retrouvé à égalité avec le meneur. À la fin du tour, je suis allé m'installer dans le pavillon et je me suis rongé les sangs en voyant Michael Bradley caler un roulé d'une douzaine de mètres au 17e trou pour sauver la normale. Il n'accusait qu'un coup de retard sur moi à ce moment-là. Au 18e trou, il a claqué un coup de départ phénoménal, suivi d'un coup d'approche qui l'a mené droit sur le vert, à moins de sept mètres du trou. Impuissant, les nerfs à fleur de peau, je l'ai regardé exécuter ce roulé qui aurait pu nous ramener à égalité. Heureusement pour moi, il l'a raté et j'ai remporté le tournoi. Je me rappelle avoir pensé : « La semaine dernière, j'ai été éliminé à Doral… et voilà que je gagne mon premier tournoi par un coup ! » Je n'en revenais pas.

Mais le souvenir le plus mémorable que j'ai de toute cette expérience, c'est le chemin du retour en voiture avec mon épouse Renay [maintenant défunte]. Retournant chez nous à Orlando, nous nous sentions tous deux exaltés. Je venais de vivre un point tournant dans ma carrière de golfeur et j'avais l'impression d'avoir enfin gagné ma place au sein du circuit professionnel.

Stuart Appleby a grandi sur une ferme laitière en Australie. Une fois ses tâches quotidiennes terminées, il s'exerçait à jouer au golf en frappant des balles d'un enclos à l'autre.

ADAMS
PRECEPT
Cadillac
PRECEPT

Chapitre 6

L'APPROCHE ROULÉE

Le coup d'approche roulé vous permettra d'envoyer votre balle tout près du trou quand elle se trouve en bordure du vert. S'il est un coup que tout golfeur a la capacité – et le devoir – de maîtriser, c'est bien celui-ci.

L'APPROCHE ROULÉE

Envoyer la balle près du trou

Même les meilleurs golfeurs au monde ne touchent pas toujours le vert dans le nombre de coups prescrits. Cet état de choses ne les empêche pas de jouer régulièrement dans les 60. Plus que tout autre coup, l'approche roulée vous aidera à améliorer vos marques. Ce petit coup sec et d'apparence anodine a permis à bien des golfeurs de réchapper d'un boguey potentiel pour sauver la normale.

Le coup lui-même est on ne peut plus simple. L'amplitude de l'élan et l'écartement des pieds sont ici à leur minimum. Dans l'approche roulée, les mains doivent devancer la tête du bâton et il faut frapper la balle d'un petit mouvement sec et descendant. Votre objectif est de garder la balle près du sol afin qu'elle se mette à rouler sur le vert aussitôt que possible. Pour bien maîtriser ce coup, vous devez apprendre à choisir votre bâton en fonction de la surface de vert disponible et à bien juger de facteurs tels que la vélocité de l'élan et l'inclinaison du vert.

L'approche roulée est un coup facile en ce sens qu'il s'effectue toujours à partir d'une position de balle idéale et qu'il n'y a jamais d'obstacle entre le trou et vous. Si vous travaillez à peaufiner votre touche et votre élan, vous parviendrez vite à caler la balle quand celle-ci se trouvera juste en bordure du vert.

Pages précédentes : Tom Watson visant le trou en bordure du vert.

Bien que Tiger Woods soit reconnu pour la puissance de ses coups, c'est surtout par la qualité et l'inventivité de son petit jeu qu'il se démarque de ses compétiteurs.

Apprenez les rudiments de l'approche roulée

COMMENT EXÉCUTER UN COUP D'APPROCHE ROULÉ

Dans l'approche roulée, la balle survole un obstacle – des herbes longues, par exemple – sur une courte distance pour rouler ensuite sur une distance plus longue que son envolée. Votre écartement de pieds doit être ici inférieur à la largeur de vos épaules. Prenez position de manière que la balle soit à hauteur de votre talon gauche (voir ci-contre). Votre poids doit reposer un peu plus sur le pied gauche que sur le droit. Il peut y avoir une légère rotation des genoux, des hanches et des épaules à la montée ; par contre, la manipulation du bâton avec les mains doit être réduite au minimum. Ne fléchissez pas le poignet gauche au dégagé.

La technique de l'approche roulée selon Jack Lumpkin.

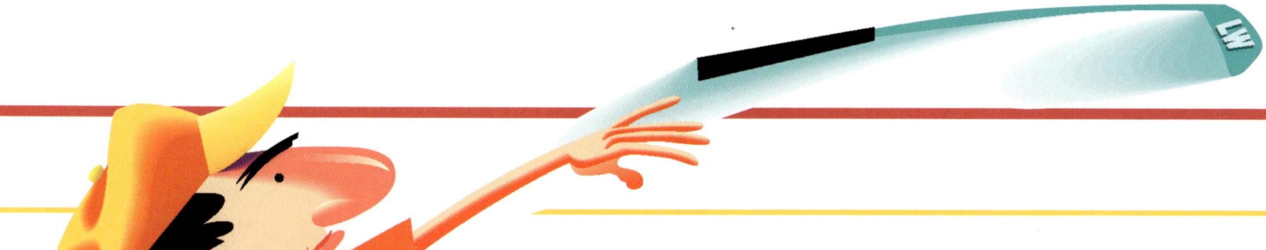

DITES ADIEU AU COCHEUR DE LOB !

La plupart des golfeurs à handicap élevé devraient se débarrasser de leur cocheur de lob. Plutôt que de lober la balle, utilisez un bâton qui vous permet de la cocher en l'attaquant d'un mouvement descendant. Un coup coché est plus facile à contrôler du fait qu'il permet un dégagé bref et produit une trajectoire de balle plus basse. Une fois que vous aurez franchi le cap du 80, vous pourrez songer à utiliser un cocheur de lob.

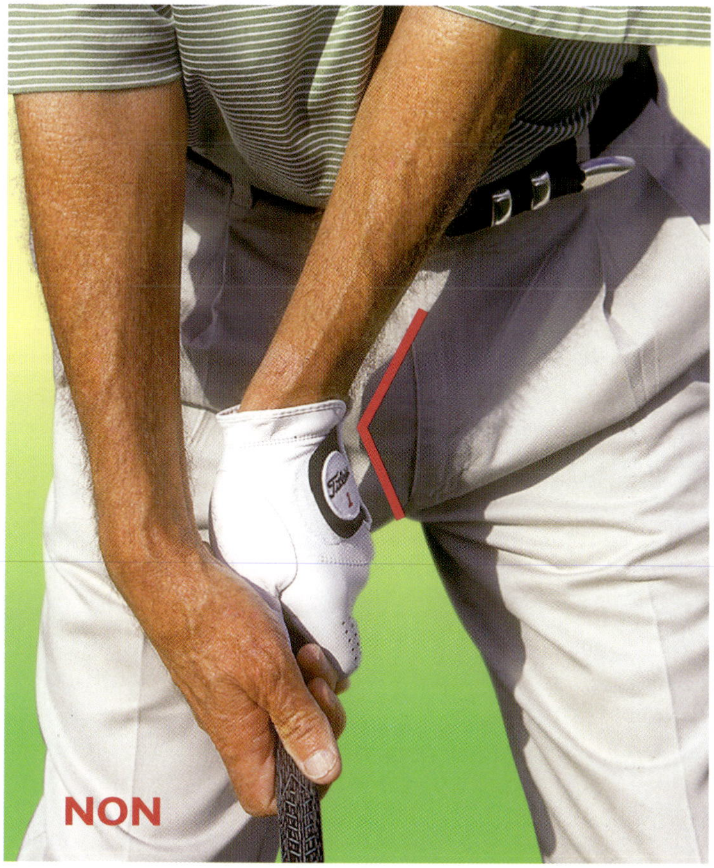

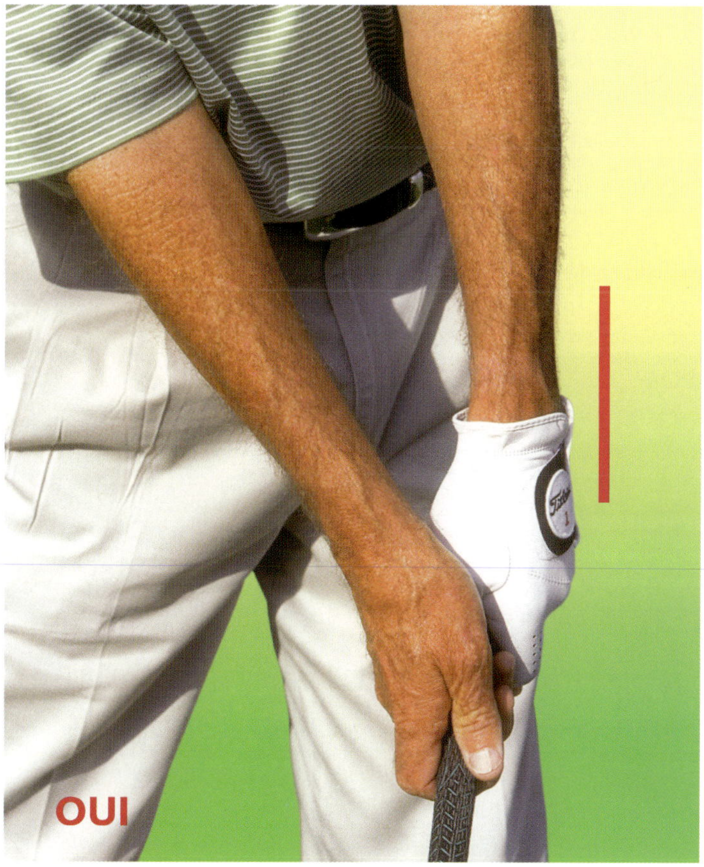

LA POSITION DU POIGNET GAUCHE EST CRUCIALE

Bien des golfeurs débutants s'imaginent que, lorsqu'ils effectuent un coup d'approche roulé, ils doivent désarmer le poignet gauche au moment de l'impact pour soulever la balle (photo de gauche ci-dessus). Pour obtenir un contact bien net, maintenez à l'impact la position illustrée dans la photo de droite. Votre poignet gauche doit légèrement devancer la tête du bâton, mais il ne doit pas être fléchi. Vous obtiendrez ainsi une trajectoire de balle basse et bien droite.

Quelques conseils qui vous aideront à affiner votre technique de base

ALIGNEZ VOS BOUTONS

Avant de frapper une approche roulée, assurez-vous que les boutons de votre chemise devancent la balle. Votre corps doit être incliné vers la gauche pour que vous puissiez attaquer la balle en un mouvement descendant.

COINCEZ LA BALLE

Il est important que les mains et le bâton se déplacent vers le trou selon une même ligne de visée. Au moment de l'impact, la tête du bâton doit frapper le dessus de la balle. Le dégagé doit être bref, la tête du bâton ne dépassant pas la hauteur des mains.

Le choix de bâton selon Don Hurter.

CHOISIR LE BON BÂTON POUR CHAQUE APPROCHE ROULÉE

Le but de l'approche roulée est d'amener la balle à rouler sur le vert aussitôt que possible. Choisissez un bâton qui vous permettra de survoler le vert sur une distance d'environ 3 mètres ; la balle devrait ensuite toucher le vert et se mettre à rouler. Une approche roulée effectuée avec un fer 8 parcourra environ le tiers de sa distance totale dans les airs et les deux tiers restants en roulant. Avec un cocheur d'allée, le coup se déroulera moitié dans les airs et moitié en roulant. Le cocheur de sable vous donnera une approche aux deux tiers dans les airs et roulante sur le dernier tiers.

Quelques conseils et exercices pratiques concernant l'approche roulée

LES EXERCICES PRATIQUES

La position du poignet gauche selon Josh Zander.

UNE ERREUR COURANTE À RECTIFIER ABSOLUMENT

Dans le cas de l'approche roulée, l'erreur la plus courante consiste à essayer de soulever la balle dans les airs en faisant glisser la tête du bâton sous la balle et en désarmant le poignet gauche au moment de l'impact. Il en résulte généralement un coup gras ou calotté. L'exercice suivant vous permettra de rectifier cette erreur.

Adoptez la position que vous avez à l'impact, puis projetez un jet d'eau sur la balle à l'aide d'une bouteille munie d'un embout en plastique. Si la position de votre poignet gauche est correcte, le jet atteindra le dessus de la balle. Maintenez le poignet gauche légèrement armé ; cela vous aidera à frapper la balle avant le sol. L'angle d'ouverture du bâton et la rotation de la balle se chargeront de soulever celle-ci dans les airs.

CONTRÔLEZ LA DISTANCE

Cet exercice de Brewster Bassett vous enseignera à contrôler la distance de vos approches roulées.

Utilisant votre bâton à angle d'ouverture le plus élevé, faites des approches roulées en observant bien la longueur de votre montée et de votre dégagé. Imaginez que votre bâton s'arrête aux chiffres d'une horloge. Voyez quelle distance vous obtenez avec des coups allant de 7 à 5, de 8 à 4, de 9 à 3 et de 10 à 2. Vous créerez ainsi

quatre « zones de distance » distinctes. Frappez dix coups par distance, d'un élan fluide et détendu. Frappez ensuite une balle par zone de distance, jusqu'à ce qu'il y ait cinq balles dans chaque zone. Répétez ces deux exercices avec chacun des bâtons que vous utilisez pour faire des approches roulées. Parce qu'ils vous font découvrir la trajectoire de balle idéale en fonction d'une distance donnée, ces exercices guideront vos choix de bâton futurs.

AMÉLIOREZ VOTRE JEU
90

Choisissez le type de coup qui vous mènera près du trou

MIEUX VAUT ROULER QUE LOBER

Il y a des golfeurs qui font des merveilles avec leur cocheur de lob, néanmoins je ne recommande pas ce bâton aux joueurs à handicap élevé. Il est trop facile de frapper le sol avant la balle avec ce type de bâton – une erreur qui produira un coup gras ou calotté. Et puis, même si on s'élance correctement, il est difficile de contrôler la distance avec un cocheur de lob. Par souci de prudence et de précision, il est souvent préférable de garder la balle près du sol en bordure du vert. Le cocheur d'allée vous donnera une trajectoire basse qui permettra à la balle de toucher le vert en toute sécurité pour rouler ensuite vers le trou.

La trajectoire de balle selon Scott Davenport.

TOUT EST DANS LA TOUCHE

Certains instructeurs vous diront d'utiliser différents bâtons pour faire vos approches roulées. D'autres vous diront de maîtriser à fond un seul bâton. Dans l'approche roulée, c'est la touche qui importe. Par conséquent, utilisez le bâton avec lequel vous êtes le plus à l'aise.

Éliminez les coups ratés en améliorant votre impact

LE MOUVEMENT DES HANCHES ET DES GENOUX

Dans l'approche roulée, mains et bras bougent d'un seul bloc. Les mains dirigent la tête du bâton vers la balle en un mouvement descendant, tandis que les poignets restent rigides à l'impact comme au dégagé. Quant au bas de votre corps, il est normal qu'il bouge un peu. Lorsqu'on lance une balle, on ne se tient pas les jambes toutes raides, n'est-ce pas? Les genoux glissent vers la cible et les hanches pivotent légèrement. Or, c'est ainsi que le bas de votre corps doit bouger quand vous effectuez une approche roulée.

La coordination de l'élan selon Butch Harmon.

VOTRE HANDICAP EST LE REFLET DE VOS PROGRÈS

Tout golfeur sérieux se doit de connaître son handicap. Calculez régulièrement votre handicap à partir des marques que vous obtenez, et vous aurez toujours une bonne idée de votre niveau de jeu. Vous serez alors en mesure de vous fixer des objectifs précis.

La qualité de l'impact selon Randy Smith.

UN PETIT COUP DE MAIN

Voici un exercice que j'utilise régulièrement avec mes élèves pour leur inculquer la technique de l'approche roulée. Je place ma main devant la balle de façon que je puisse l'attraper une fois que l'élève l'aura frappée. Pour éviter de frapper ma main avec la tête du bâton, l'élève doit maintenir celle-ci près du sol après impact, évitant par le fait même de calotter la balle ou de la soulever avec la face. Si l'élève ne frappe pas ma main de son bâton (j'emploie cet exercice depuis 10 ans et ce n'est jamais arrivé), cela signifie qu'il a contacté la balle correctement selon un mouvement descendant. La balle viendra alors se nicher dans le creux de ma main.

Plus la trajectoire de balle est basse, plus il est facile de contrôler la distance

LES EXERCICES PRATIQUES

LA DANSE DU LIMBO

Cet exercice inspiré de la danse du limbo vous aidera à garder vos approches roulées aussi basses que possible. Attachez une corde entre deux pôles à environ 60 ou 75 cm du sol. Prenez position à 1 m 20 de la corde et placez un couvre-bâton derrière la balle, comme dans la photo ci-dessous. Si votre descente est suffisamment abrupte et votre dégagé bref, la tête du bâton ne touchera pas le couvre-bâton et la balle adoptera une trajectoire suffisamment basse pour passer sous la corde.

L'apprentissage de la touche selon Chuck Cook.

LA PISTE D'ATTERRISSAGE

Sachant que Payne Stewart n'a jamais aimé travailler son petit jeu, je lui ai enseigné l'exercice suivant pour qu'il puisse répéter ses approches roulées tout en s'amusant. Étendez une serviette sur le vert à environ un tiers de la distance du trou – humectez-la au besoin pour qu'elle reste en place. Effectuant des approches roulées, tentez de faire atterrir la balle sur la serviette. Cet exercice vous habituera à garder la balle près du sol, ce qui lui permettra de rouler aussitôt que possible. Répétez l'exercice jusqu'à ce que vous puissiez toucher la serviette neuf fois sur dix tout en faisant ensuite rouler la balle près du trou.

Quelques trucs qui vous aideront à faire des approches roulées précises

LA POSITION DE PIEDS DÉPEND DE LA POSITION DE BALLE

La règle de base de l'approche roulée est la suivante : plus votre position de balle est mauvaise, plus vos pieds doivent devancer la balle à la prise de position initiale et plus l'angle d'ouverture du bâton doit être grand. Bien que les deux coups ci-dessous soient d'égale distance, ils doivent être exécutés différemment. À partir de l'herbe longue (photo de gauche), utilisez un cocheur de sable et prenez position de façon que la balle soit loin derrière votre pied arrière. Vous pourrez ainsi abattre la tête du bâton directement sur la balle, sans avoir à trop faucher l'herbe ; la semelle du bâton aidera la tête à glisser sur l'herbe et l'angle de face propulsera la balle dans les airs.

Dans la photo de droite, la position de balle est parfaite. En ce cas, jouez la balle à hauteur de votre pied arrière et utilisez un fer 7. La balle fera un petit bond pour franchir le tablier, puis elle roulera sur le vert en direction du trou.

JUGEZ LA TRAJECTOIRE DE LA BALLE SUR LE VERT

À votre niveau de jeu actuel, vous devriez être capable de caler la balle régulièrement quand vous faites une approche roulée. Mais pour ce faire, vous devez juger de la trajectoire qu'adoptera la balle en roulant sur le vert. Sur un coup roulant, vous devez absolument tenir compte de l'inclinaison du vert – ce qui n'est pas le cas lors d'un coup lobé. Abordez l'approche roulée exactement comme un coup roulé, c'est-à-dire en tenant compte de la vitesse et des contours du vert.

La précision des approches roulées selon Mark Winkley.

VISEZ LE TROU

Un bon golfeur devrait être en mesure d'atteindre la coupe quand il effectue une approche roulée à partir d'une bonne position de balle. Perfectionnez votre visée et votre position initiale en posant un bâton sur le tablier entre vous et le trou. L'orientation du bâton doit suivre la ligne de visée, laquelle tiendra compte des contours du vert. Votre balle doit bondir par-dessus le bâton en suivant la ligne de visée. Au dégagé, la tête du bâton doit suivre elle aussi la ligne de visée.

UTILISEZ UN BOIS D'ALLÉE

Les bois d'allée polyvalents ne servent pas qu'à claquer des coups de départ sur une allée étroite. Leur semelle large et plate fait d'eux de précieux alliés en bordure du vert, surtout quand la position de balle est atypique – ils sont parfaits sur des pentes abruptes à pelouse courte ou dans la première coupe d'herbe longue. Inclinez légèrement les épaules vers l'avant à la prise de position initiale, puis élancez-vous comme si vous faisiez un coup roulé, en effectuant un doux mouvement de balancier. Il ne s'agit pas ici de frapper la balle avec force. Évitez de manipuler le bâton avec les mains et les poignets.

Atteignez un niveau de jeu supérieur en pensant et en agissant comme un pro

DES ERREURS VOLONTAIRES

Bien des golfeurs répètent toujours la même erreur – certains frappent toujours leurs approches roulées trop loin et vers la gauche, par exemple. Pour vous débarrasser de ce genre d'habitude, exercez-vous à rater la cible, mais de différentes façons. Dans l'exercice ci-contre, j'essaie de frapper des approches roulées trop courtes ou trop longues orientées vers la gauche ou la droite, mais jamais directement sur le drapeau. Ce genre d'expérimentation vous aidera à développer votre touche et votre contrôle de la distance.

NETTOYEZ LES CANNELURES

Il est important que vous nettoyiez les cannelures de vos têtes de bâton pour obtenir un bon contact avec la balle. Ce sont ces cannelures qui vous permettent de contrôler vos fers et d'imprimer un effet de rotation à la balle. Les quatre ou cinq cannelures du bas sont les plus importantes; nettoyez-les régulièrement à l'aide d'un té.

Le développement de la touche selon John Elliott junior.

L'ASPECT MENTAL DU JEU

UNE ATTITUDE DE PRO

Pour jouer à son meilleur, il faut être consciencieux. Mon ami qui se trouve à gauche sur la photo jouerait peut-être mieux s'il se préoccupait davantage de ses vêtements, de ses bâtons et de sa forme physique. Quant à moi – je suis à droite sur la photo –, je m'habille toujours proprement et prépare soigneusement mon équipement avant de jouer. Participez à des tournois au lieu de toujours jouer pour le plaisir avec vos copains ; cela vous incitera à vous concentrer plus sérieusement, tant sur les préparatifs que sur le match lui-même.

Il est important que vous jouiez avec des gens susceptibles de vous aider, parce qu'ils pensent et réagissent de façon positive sur le parcours. Vous apprendrez beaucoup en jouant avec eux et en les observant.

Évitez les golfeurs qui passent leur temps à geindre et à maugréer. Si vous êtes de ceux-là, efforcez-vous de changer d'attitude. Songez qu'en agissant ainsi vous empêchez les autres de s'amuser.

Chaque fois que vous jouez avec un golfeur chevronné, vous profitez de son expérience, de son aplomb et de ses capacités techniques. Puisque cette personne a déjà maîtrisé les aspects du jeu sur lesquels vous travaillez, elle peut, même indirectement, vous enseigner énormément de choses.

Jeff Sluman, circuit de la PGA

UNE PREMIÈRE MÉMORABLE

Je me souviens très bien de la première fois où j'ai joué 79. J'avais 10 ans et je jouais avec mon père et mon frère à l'Oak Orchard Country Club de Rochester, New York. À cette époque, je ne pouvais pas frapper la balle sur une très grande distance, néanmoins j'étais un golfeur compétent. Bien que ce parcours soit difficile à négocier, j'avais réussi un 38 à l'aller. Malheureusement, j'ai inscrit un double boguey sur le retour après avoir frappé la balle hors limites. Arrivé au départ du 18e trou, je savais que je devais jouer la normale pour obtenir une marque inférieure à 80. Il faut dire que, quand vous avez 10 ans, ce n'est pas le genre de choses qui vous rend particulièrement nerveux; vous savez que vous aurez bien d'autres occasions de tenter votre chance. (Pour être franc, je ne compte plus les fois où, à 17, 27 ou 37 ans, j'aurais voulu aborder mon petit jeu avec le même calme qu'à 10 ans.) Bref, ce jour-là, j'ai réussi la normale au 18e trou pour récolter mon premier 79. Mon père a averti la presse locale de mon exploit, mais ils ont mal épelé mon nom dans le journal du lendemain.

Depuis son arrivée sur le circuit de la PGA en 1983, Jeff Sluman a remporté six tournois, dont le championnat de la PGA de 1988. Le total de ses gains s'élève à plus de 14 millions de dollars.

COUPLES

Chapitre 7

LE COUP ROULÉ

Le moyen le plus rapide et le plus facile d'abaisser ses marques au golf est de perfectionner son coup roulé. Voici comment faire pour jouer moins de coups sur le vert.

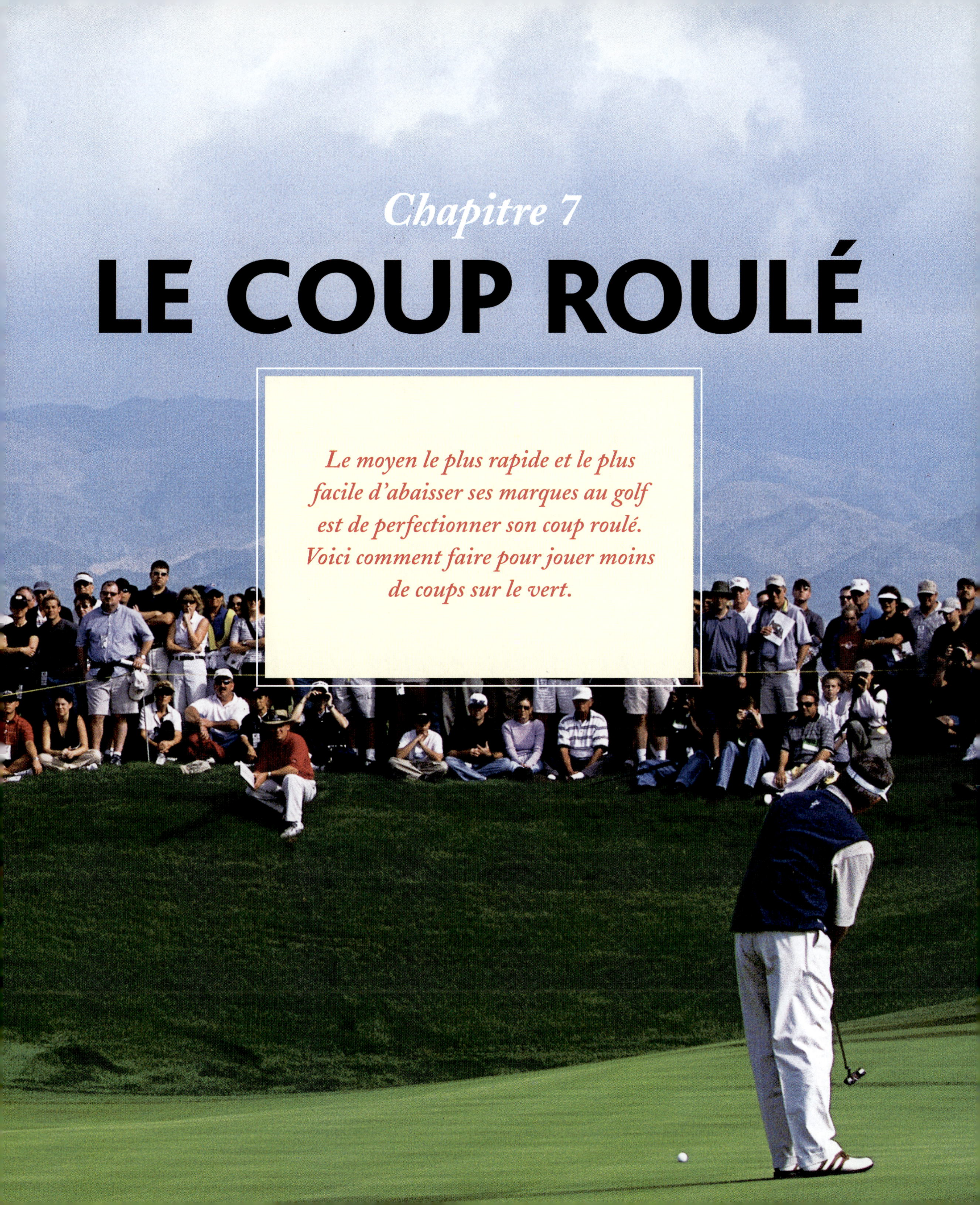

LE COUP ROULÉ

Développez votre technique et votre touche

L'impact réel du coup roulé sur la marque finale est très simple à calculer. Le golfeur qui atteint tous ses verts dans le nombre de coups prescrits et qui cale toujours sa balle en deux roulés jouera un 72. En somme, la moitié des coups qu'il exécute au cours d'une partie sont des roulés. Le golfeur qui cherche à franchir le cap du 100 ou du 90 effectue 40 roulés ou plus lors d'un match de 18 trous. À titre comparatif, les pros du circuit qui jouent dans les 60 font environ 30 roulés par tour.

Considérant que 4 coups sur 10 sont exécutés sur le vert, on comprendra aisément pourquoi tous les bons instructeurs mettent l'accent sur la maîtrise du coup roulé. Améliorez vos performances sur le vert… et votre pointage chutera de façon radicale.

Qui plus est, une bonne touche avec le fer droit peut contrebalancer vos faiblesses dans d'autres aspects du jeu. Après tout, au golf, chaque coup compte de façon égale, peu importe qu'il s'agisse d'une décoche de 300 verges ou d'un roulé de moins d'un mètre. Bon nombre de golfeurs ne seront jamais capables de claquer des coups de départ de 300 verges ; en revanche, avec un peu d'entraînement, tout golfeur a les capacités requises pour caler la majorité des roulés d'un mètre qu'il tentera. Le golfeur qui veut devenir expert du roulé doit développer sa touche et maîtriser le mouvement de balancier qui caractérise l'élan de ce coup d'une désarmante simplicité.

Pages précédentes : Fred Couples tentant un roulé long et tortueux.

Tiger Woods a toujours su fignoler des roulés quasi miraculeux aux moments les plus critiques d'un tournoi. Est-ce une question de chance ? Loin de là ! En vérité, il doit son succès sur le vert à la constance de son élan et de sa séquence préparatoire, à son imagination, ainsi qu'à son extraordinaire concentration.

Développez la constance de votre séquence préparatoire et de votre élan

POUR UN ÉLAN SOLIDE, GARDEZ LES POIGNETS DROITS

Bien des golfeurs amateurs ont tendance à manipuler le bâton avec les poignets quand ils font un roulé long (voir ci-dessous). Or, le mouvement doit se faire avec les épaules et les bras seulement. Tout au long de l'élan, bras et poignets doivent former un triangle comme dans la photo de droite. Au dégagé, la poignée du bâton doit pointer vers votre hanche gauche et non vers la boucle de votre ceinture. Vous contrôlerez mieux la distance de vos coups et gagnerez en précision si vous éliminez l'action des poignets.

L'élan du roulé selon Don Hurter.

L'ASPECT MENTAL DU JEU

JACKIE BURKE VOUS ENSEIGNE LA BASE DU ROULÉ

Instructeur émérite et mentor de Jim McLean, Jackie Burke a toujours soutenu que les trois ingrédients de base du roulé sont la cadence, le calme et l'imagination. Quand vous êtes sur le point de faire un roulé, approchez-vous de la balle en marchant calmement, ni trop vite ni trop rapidement. Inspirez profondément et effectuez votre séquence préparatoire en vous concentrant bien, mais tout en restant détendu. Enfin, visualisez la ligne de visée et imaginez la trajectoire de la balle.

L'IMPORTANCE DE LA SÉQUENCE PRÉPARATOIRE

Un expert du coup roulé répète toujours la même séquence préparatoire quand il joue avec son fer droit. Si vous voulez que votre petit jeu gagne en constance et en précision, vous devez toujours répéter la même séquence de mouvements avant d'effectuer un roulé. Une fois que vous avez décidé de votre ligne de visée, alignez le fer avec votre bras droit de façon que la face du bâton soit perpendiculaire à la cible. Après avoir appliqué votre prise, tournez votre regard vers la cible, puis vers la balle. Afin de développer votre touche, exercez-vous à faire des roulés en regardant la cible au lieu de la balle.

La séquence préparatoire selon Todd Anderson.

UNE TRAJECTOIRE QUI SUIT LE COURANT

Il faut beaucoup de temps et de travail pour apprendre à juger de la trajectoire de la balle sur le vert. Pour vous aider en ce sens, imaginez qu'un cours d'eau coule sur le vert. En épousant les inclinaisons du vert, votre balle suivra le même tracé que ce courant imaginaire.

Affinez votre contrôle de la distance et améliorez votre alignement

UN ÉLAN À L'ÉQUERRE

Lorsqu'ils font des roulés, bon nombre de débutants essaient d'infléchir la trajectoire de la balle en brossant celle-ci d'un mouvement latéral. Or, il est impossible de bien contrôler la distance et la direction du coup en s'élançant ainsi. La face de votre bâton doit être perpendiculaire à la cible quand vous exécutez un roulé.

Imaginez qu'une équerre détermine l'angle formé par la tête du bâton et la ligne de visée : la lame verticale de l'outil serait parallèle à la face du bâton, tandis que la branche horizontale serait parallèle à la ligne de visée. Procédez de cette façon et votre balle suivra la trajectoire voulue.

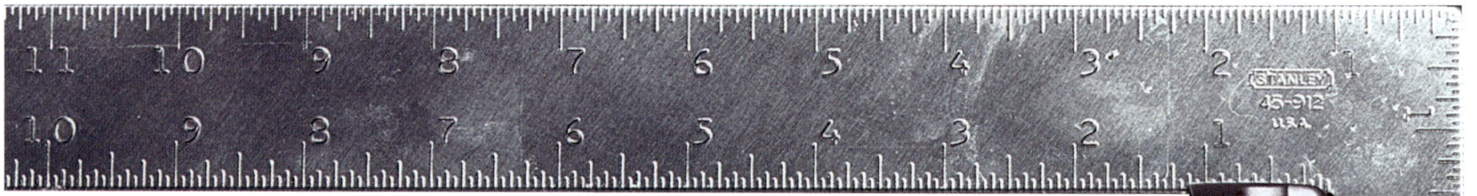

CÉLÉBREZ VOS RÉUSSITES SUR LE VERT

Les roulés longs sont des coups très difficiles à réussir. La prochaine fois que vous calerez la balle en deux roulés sur une distance de 15 mètres, accordez-vous un brin de renforcement positif en vous félicitant intérieurement.

RÉPÉTEZ L'APPROCHE SANS BÂTON

Répétez vos roulés d'approche en faisant rouler la balle sur le vert avec la main. Quand vous lancez une balle vers le trou, vous n'avez pas à vous soucier de votre élan, ce qui vous permet de vous concentrer uniquement sur la distance. Contrairement à l'élan, le lancer est un geste plus instinctif que mécanique. De plus, le mouvement des épaules est le même pour le lancer que pour l'élan. Vous remarquerez sans doute que vous obtenez de meilleurs résultats quand vous lancez la balle sans l'aide des poignets; cela prouve que vos poignets ne doivent pas entrer en action quand vous vous élancez avec votre fer droit.

Le contrôle de la distance selon Beth Bauer.

L'amélioration de la touche selon Randy Smith.

CONTRÔLEZ LA DISTANCE DE VOS ROULÉS

Quand vous faites des roulés de trois mètres ou plus, concentrez-vous sur la distance du coup plutôt que sur sa direction. Exercez-vous à faire rouler la balle jusqu'au trou sans songer à votre prise ou au processus de visée. Bien que la balle devrait idéalement s'arrêter 45 cm passé la coupe, commencez par vous exercer à l'envoyer directement à hauteur du trou. Après tout, vous n'avez pas à caler d'un seul coup les roulés longs pour passer la barre du 100; pour ce faire, il vous suffit d'éliminer les verts de trois roulés en envoyant la balle près du trou du premier coup.

Évitez les verts de trois roulés en répétant ces exercices simples

LES EXERCICES PRATIQUES

LE ROULÉ LONG : TRAVAILLER SA TOUCHE EN GRAVISSANT LES ÉCHELONS

Pour avoir une bonne touche, il faut savoir quelle amplitude d'élan appliquer pour obtenir un coup d'une distance donnée. Vous développerez votre touche en déposant cinq bâtons sur le vert à environ un mètre d'intervalle. Commençant par une position de balle en amont, effectuez un roulé qui s'arrêtera entre le premier et le deuxième bâton ; votre deuxième roulé devra s'arrêter entre le deuxième et le troisième bâton, et ainsi de suite. Répétez l'exercice, mais en aval. Continuez jusqu'à ce que vous ayez réussi à gravir chaque échelon sans avoir fait de coups trop longs ou trop courts. Avant chaque roulé, faites un élan d'exercice en gardant les yeux fixés sur la cible. Effectuez un élan de même longueur lorsque vous exécutez le coup proprement dit. Une fois que vous aurez maîtrisé l'exercice, essayez de le réussir les yeux fermés.

LE ROULÉ COURT : CALEZ-EN UNE DOUZAINE D'AFFILÉE

Pour réussir un roulé court, il faut avoir confiance en soi. Et pour avoir confiance en soi, il faut avoir répété encore et encore ce type de coup. Commencez l'exercice ci-contre en disposant quatre séries de trois tés autour du trou. Le premier té sera distant du trou d'une longueur de bâton ; chaque té successif sera distant du précédent d'une longueur de poignée. Idéalement, les séries seront orientées de façon que vous fassiez trois roulés en amont, trois en aval, trois incurvés de droite à gauche et trois incurvés de gauche à droite. Faites un roulé à partir de chacun des tés en essayant de réussir la série de douze. Si vous en ratez un, recommencez du début.

L'apprentissage de la distance selon Chuck Cook.

VISEZ LA CANETTE

Déposez une canette de boisson gazeuse dans la coupe quand vous vous exercez à faire des roulés. Parce qu'elle fait saillie, cette cible vous semblera plus grosse que le trou proprement dit.

TROUVER UNE CADENCE GAGNANTE

Les golfeurs qui n'ont pas franchi le cap du 100 font souvent des verts de trois roulés. Ce dont ils ont besoin, c'est d'une cadence qui donnera de la constance à leur élan. Dites-vous « en arrière, en avant » quand vous vous élancez. La longueur de votre élan variera selon la distance du coup, mais votre cadence doit toujours être la même. En guise d'exercice, faites trois roulés de trois mètres en essayant d'arrêter la balle à moins d'un mètre du trou. Répétez plusieurs fois l'exercice en reculant chaque fois de deux mètres.

La cadence de l'élan selon Todd Anderson.

AMÉLIOREZ VOTRE JEU
90

Apprenez à juger l'inclinaison et la rapidité du vert

La lecture du vert selon Don Hurter.

ÉVALUER LA DISTANCE ET LA SURFACE

La lecture du vert s'effectue à la fois avec les yeux et avec les pieds. En marchant de la balle au trou comme je le fais dans la photo ci-dessus, vous pourrez évaluer avec exactitude la distance du coup et sentir les inégalités de la surface. Accroupissez-vous ensuite derrière la balle (voir ci-contre) pour avoir une meilleure idée des contours du vert. Vous pouvez vous acquitter de ces tâches préparatoires pendant que vos partenaires sont en train de jouer.

AMÉLIOREZ VOTRE POSITION INITIALE ET VOTRE ALIGNEMENT

Le coup roulé représente un défi particulier en ce sens qu'il oblige le golfeur à adapter sa position en fonction de la surface du vert et de la ligne de visée. La plupart des golfeurs commencent par se mettre en position, puis alignent ensuite la face de leur bâton sur la cible. En procédant ainsi, ils pointent la face trop à droite de la cible et doivent donc compenser durant l'élan. Pour plus de précision, commencez la prise de position en alignant votre fer droit sur la cible. En plaçant votre pied droit à hauteur de la balle (voir photo de gauche ci-dessus), vous aurez une référence parfaitement perpendiculaire à la ligne de visée. Prenez ensuite position en plaçant votre pied gauche à côté de votre pied droit ; reportez ensuite votre pied droit vers l'arrière, en direction opposée à la cible (photo de droite). Je suis maintenant dans une position équilibrée et ma balle se trouve près de mon pied avant, comme il se doit.

ADOPTEZ UNE PRISE LÉGÈRE

Si votre touche laisse à désirer quand vous faites des roulés, essayez d'alléger votre prise et tenez le bâton avec les doigts plutôt qu'avec les paumes.

LA TRIANGULATION DU ROULÉ

Analysez toujours vos roulés à partir de trois positions différentes. Placez-vous d'abord derrière la balle, puis derrière le trou, et enfin à mi-chemin entre la balle et la coupe.

Évitez les verts de trois roulés en contrôlant la cadence de votre élan

MAÎTRISER LE MOUVEMENT DE BALANCIER

Les golfeurs experts du roulé s'élancent toujours selon la même cadence, ce qui leur permet de contrôler la distance de leurs coups en variant la longueur de leur élan. L'amplitude de l'élan et le poids de la tête du bâton produisent ensemble une accélération naturelle semblable à celle d'un pendule. Les bons golfeurs abordent leurs roulés comme si la balle n'était qu'un obstacle dans le tracé fluide de leur élan.

UN TROU AUSSI VASTE QUE LE GRAND CANYON

Dans le cas du coup roulé, une attitude négative est pire qu'une mauvaise technique. N'abordez pas un roulé en vous disant que vous ne réussirez pas à envoyer la balle dans le trou. Tentez de caler la balle à tous coups en imaginant que la coupe est aussi vaste que le Grand Canyon.

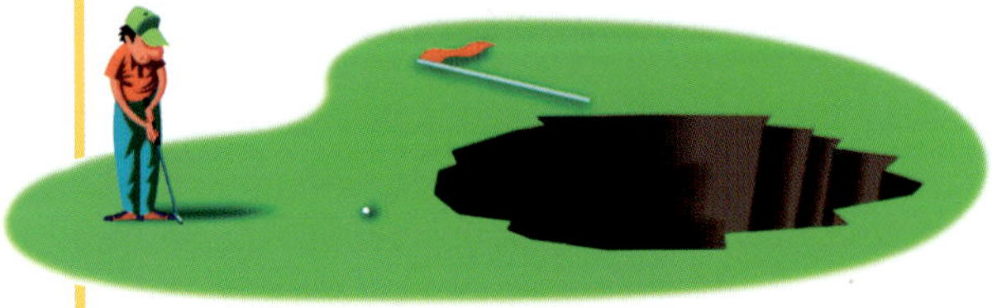

La cadence selon Judy Rankin.

LES SECRETS DE L'ÉQUIPEMENT

LE CHOIX DE LA BALLE

Si vous jouez sur des parcours dont les verts sont fermes et rapides, utilisez des balles à revêtement tendre. Ce type de balle est doté d'une capacité de rotation accrue, ce qui vous aidera à maintenir vos coups d'approche à proximité du trou. Bon nombre de golfeurs professionnels préfèrent la sensation que procure une balle à revêtement tendre sur les coups roulés. Essayez plusieurs types de balles afin de trouver le modèle qui fonctionne le mieux pour vous.

LE BALANCEMENT DES ÉPAULES

Les golfeurs qui ne sont pas capables de franchir le cap du 90 sont souvent si anxieux de suivre la progression de leurs roulés qu'ils ouvrent les épaules à l'impact (photo « non » ci-contre). Par conséquent, leurs roulés manquent de constance, tant pour le contact que la direction. Quand vous faites un roulé, balancez les épaules d'avant en arrière en les gardant parallèles à la ligne de visée. Exercez-vous à bien sentir le mouvement en exécutant des roulés avec le bras droit seulement tout en agrippant votre épaule droite de la main gauche (photo « oui » ci-contre). Le balancement latéral de vos épaules doit évoquer le mouvement d'un pendule.

Le mouvement de pendule selon David Leadbetter.

Un entraînement plus amusant et plus productif sur le vert d'exercice

LES EXERCICES PRATIQUES

SIX AS POUR L'ASSURANCE

L'exercice des « six as » que propose ici Jim McLean est très simple en soi. Placez-vous à 5 ou 6 mètres de la coupe et frappez douze roulés consécutifs. Répétez l'exercice jusqu'à ce que vous puissiez caler 6 balles sur 12. Quel que soit votre niveau de jeu, cet exercice vous fera gagner en assurance : ceux qui ont un handicap élevé apprendront à réussir davantage de roulés de longueur moyenne pour sauver la normale ; et les joueurs à faible handicap constateront qu'ils peuvent récolter plus d'oiselets qu'ils ne le pensaient.

La confiance en soi selon Bob Rotella.

RÉUSSISSEZ TOUJOURS VOS ROULÉS COURTS

Sur la carte de pointage, un roulé court compte tout autant qu'un coup de départ ou un coup d'allée. On pourrait même dire qu'au golf tous les coups se ressemblent, puisque le golfeur doit avoir confiance en ses capacités pour bien les réussir. Or, pour acquérir cette confiance, le golfeur doit être totalement engagé dans le coup qu'il est sur le point de faire, mais il doit aussi avoir connu des succès répétés avec ce type de coup par le passé. C'est pourquoi il est si important que vous vous exerciez au roulé court. Essayez de caler trois roulés d'affilée d'une distance de 1 mètre. Répétez l'exercice à 1 m 20, 1 m 50 et 1 m 80. Si vous en ratez un, recommencez du début. Cela vous habituera à réussir vos roulés même quand vous jouez sous pression.

VISEZ ENTRE LES DEUX POTEAUX

Enfoncez deux tés dans le sol de chaque côté du trou. Pour gagner en précision, essayez de caler la balle sans toucher les tés.

Au Verizon Byron Nelson Classic de 2002, Shigeki Maruyama remportait son second titre sur le circuit de la PGA en réalisant plusieurs roulés cruciaux au tour final.

Comment frapper la balle pour réussir ses roulés longs

ATTENTION À L'ANGLE DE LA TIGE

Vous aurez beau faire une lecture parfaite du vert et vous élancer en suivant la ligne de visée, il vous sera impossible de contrôler la distance et la direction de vos roulés si la balle fait un bond à l'impact comme dans la photo ci-contre. Or, la balle bondit ainsi quand la tige du bâton est inclinée vers l'arrière au moment de l'impact, ce qui augmente l'angle de face. De ce point de vue, le coup roulé ne diffère pas des autres types de coups. La photo « oui » que vous voyez au bas de la page illustre la bonne façon de faire. Si vos mains devancent légèrement la tête de votre fer droit à l'impact, la balle épousera la surface du vert et sa trajectoire sera plus facile à contrôler.

TENEZ COMPTE DU VENT

Le roulé est probablement le coup le plus difficile à réaliser quand il y a du vent. Croyez-le ou non, même un petit vent de 15 km/h peut influencer la trajectoire d'un roulé – surtout s'il s'agit d'un coup en aval. Avant d'exécuter un roulé, observez la direction du vent, puis ajustez la vitesse de votre élan et votre ligne de visée en conséquence.

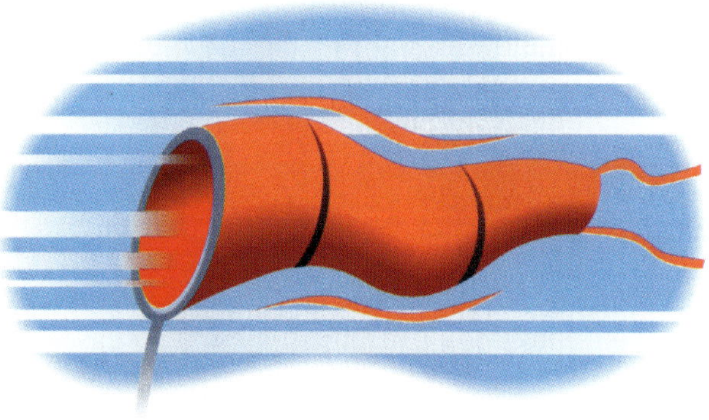

Le roulé d'approche selon Johnny Miller.

L'IMPORTANCE D'UN CONTACT SOLIDE SUR LES ROULÉS LONGS

Confronté à un roulé de 12 mètres ou plus, le golfeur doit effectuer un élan arrière anormalement long. Il devient alors difficile de contacter la balle solidement. Essayez ceci : tracez deux lignes se croisant à angle droit sur la balle ; positionnez la tête du fer parallèlement à la ligne verticale, puis alignez le point d'impact idéal de la face du bâton à la ligne horizontale. Frappez la balle sans bouger la tête, en vous concentrant bien sur la qualité du contact. Ce simple exercice vous permettra de couper de moitié vos verts de trois roulés.

ÉVITEZ DE GLISSER

Pour réussir un roulé long, il faut faire rouler – et non glisser – la balle sur le vert. L'exercice suivant vous aidera en ce sens. Enfoncez un piquet dans le sol de façon qu'il pointe vers le haut et en direction de la cible. Placez une balle sous le piquet, à la moitié de sa longueur, puis frappez un roulé. La tête de votre fer droit devrait suivre l'angle du piquet, c'est-à-dire qu'elle sera près du sol avant impact pour s'en éloigner après impact. Ce mouvement de bas en haut permettra à la balle de rouler plutôt que de glisser sur la surface du vert.

Le roulement de la balle selon Chuck Cook.

Mettez la dernière main à votre coup roulé

ENTRAÎNEZ-VOUS RÉGULIÈREMENT

Le golfeur qui veut franchir le cap du 80 devrait faire avant chaque match une séance d'échauffement visant particulièrement le coup roulé. Vous éviterez bien des verts de trois roulés si vous répétez vos roulés d'approche pendant au moins dix minutes avant une partie. Songez que vous serez probablement confronté à un roulé d'une douzaine de mètres dès le premier ou deuxième trou ; vous devez donc être apte à caler la balle en deux roulés dès le début de la partie. Phil Mickelson a un petit truc en ce qui concerne les roulés longs : il exécute un élan d'exercice trop court, puis un trop long. Il en arrive ainsi à une moyenne à partir de laquelle il peut ajuster l'amplitude de son élan.

La séance d'échauffement selon Jim McLean.

RÉPAREZ VOS MARQUES DE BALLE SUR LE VERT

Un golfeur qui joue dans les 80 est capable de réussir des coups d'approche longs avec régularité. Or, en atterrissant sur le vert, sa balle marquera la pelouse. Soyez fier de ces petits cratères, car ils sont le sceau d'un bon golfeur. Cela dit, par égard pour les autres joueurs, réparez toujours vos marques de balle à l'aide d'une fourchette. Enfoncez les dents de cet outil derrière la marque, puis poussez à la fois vers l'avant et vers le haut. Tassez ensuite le bout de pelouse que vous venez de soulever avec la semelle de votre fer droit. Utilisez cet instrument aussi souvent que nécessaire.

RÉPÉTEZ VOS ROULÉS COURTS AVANT DE JOUER

Sachant que vous serez confronté à plusieurs roulés courts lors d'un match, exercez-vous à faire des roulés de 1 mètre ou 1 m 20 avant de jouer. Il n'y a rien de plus fâcheux que de rater un petit coup de ce genre durant une partie.

LES SECRETS DE L'ÉQUIPEMENT

SI VOTRE FER DROIT VOUS DONNE DU FIL À RETORDRE, CHANGEZ DE TECHNIQUE

Jusqu'à récemment, ma vision du coup roulé était plutôt conventionnelle. Quand un élève avait du mal à trouver son style, je lui enseignais une technique standard. Puis un de mes élèves a connu de bons succès avec une prise inversée alors qu'aucune autre technique n'avait fonctionné pour lui auparavant. Cette expérience m'a poussé à changer mon approche pédagogique.

Il est important que vous choisissiez le type de fer droit et la technique qui vous conviennent. Essayez la prise inversée, jouez gaucher, ou optez pour un fer droit à manche long ou moyen. Vous serez plus sûr de vous-même si vous employez une technique et un bâton qui vous permettent d'exécuter un élan parfait à tous coups.

Éliminez les roulés manqués en travaillant votre élan

UN EXERCICE DE PRÉCISION

Il est aussi important de bien contacter la balle avec un fer droit qu'avec un bois 1. Un roulé frappé correctement commence à rouler rapidement sans trop glisser sur la surface du vert. L'exercice suivant vous apprendra à obtenir un contact précis avec la balle. Empilez deux pièces de 25 cents derrière la balle, puis exécutez des roulés. Le fait que vous tentiez d'éviter les pièces de monnaie vous incitera à frapper la balle à l'équateur. Répétez l'exercice à 1 m 50, 3 m et 9 m. Vous verrez qu'en un rien de temps vous aurez appris à bien faire rouler votre balle.

SOIGNEZ VOS ROULÉS

Habituez-vous à produire un contact optimal en délimitant la zone de frappe idéale à l'aide de deux élastiques ou de deux sparadraps. Votre balle ne suivra la ligne de visée que si vous la frappez à partir de ce point idéal.

VISEZ UN ENTRAÎNEMENT PRODUCTIF

Les golfeurs qui jouent dans les 80 devraient s'entraîner rigoureusement. Vos séances d'entraînement seront plus productives si vous vous fixez des objectifs précis – caler 25 roulés d'un mètre d'affilée, par exemple. Ce genre d'exercice vous aidera à jouer sous pression par la suite.

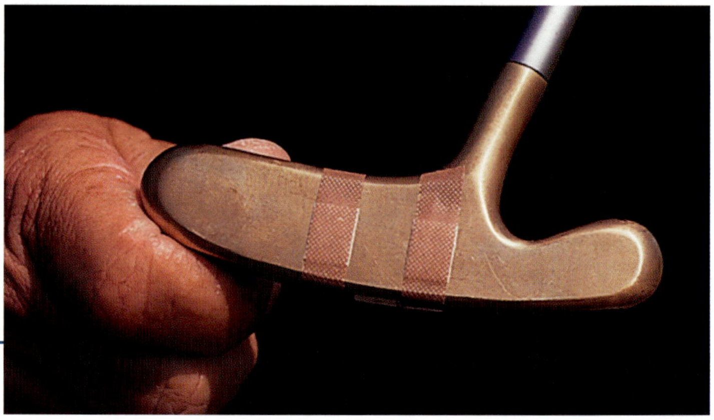

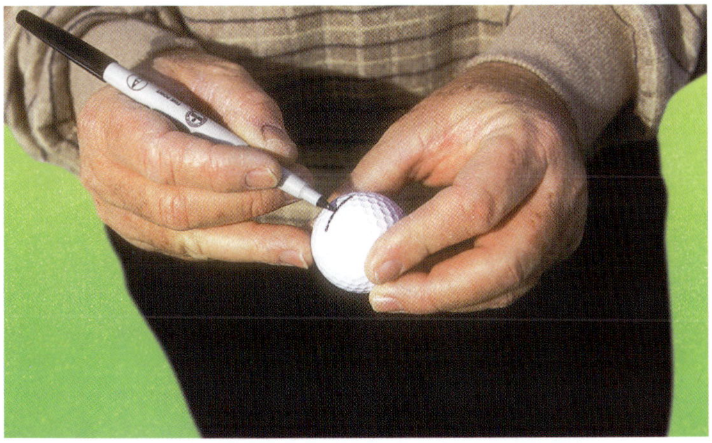

Le contrôle directionnel selon Hank Johnson.

LE CONTRÔLE DIRECTIONNEL

Pour franchir le cap du 80, vous devez viser la normale ou l'oiselet aussi souvent que possible. À 3 mètres ou moins du trou, le contrôle de la direction est plus important que le contrôle de la distance. Les exercices faisant appel à une ficelle ou à un cordeau de menuisier sont excellents pour le contrôle directionnel. Vous trouverez des outils d'entraînement à ficelle dans la plupart des boutiques de golf; les cordeaux de menuisier sont disponibles à bon prix dans toutes les bonnes quincailleries.

À partir d'une région bien plane du vert, tracez une ligne de craie de 3 mètres de long aboutissant au trou. Vous pouvez choisir une position en amont ou en aval, du moment que la zone du vert que vous utilisez ne comporte pas d'irrégularités qui feront dévier la trajectoire de la balle. Avant de commencer l'exercice, tracez une ligne droite sur la balle à l'aide d'un marqueur.

Alignez la marque de la balle à la ligne de craie, puis prenez position de façon que la tête de votre fer droit soit perpendiculaire au trait sur la balle; vos yeux doivent être alignés directement au-dessus de la ligne de craie. Frappez ensuite la balle de manière que le trait demeure aligné à la ligne de craie jusqu'au trou. Lors d'un match, utilisez une balle marquée d'un trait et imaginez qu'il y a une ligne de craie entre vous et la coupe.

Jill McGill, circuit de la LPGA

UNE PREMIÈRE MÉMORABLE

Quand j'étais gamine, je faisais partie d'une équipe de natation. Durant l'été, je m'entraînais pendant deux heures le matin, puis je passais le reste de la journée à flâner à la piscine. Soucieuse de me tenir occupée, ma mère m'a donné le choix de jouer au golf ou de rester à la maison pour désherber la pelouse. Comme de bien entendu, j'ai choisi le golf.

Mes parents ont décidé de récompenser mes succès sur le parcours, histoire de me motiver. Ils me donnaient 25 cents pour un coup d'approche réussi et un dollar quand je jouais la normale sur un trou. J'espère qu'on ne me retirera pas mon titre amateur de 1993 à cause de ça, mais mes parents ont commencé à me donner des sommes de plus en plus importantes, proportionnelles à mes exploits sur le terrain. Quand j'ai franchi le cap du 100, puis celui du 90, ils m'ont récompensée en conséquence.

À l'été de mes douze ans, je jouais régulièrement au club Cherry Hills de Denver. Or, je me souviens très bien du jour où je devais réussir la normale au dernier trou pour passer la barre du 90 pour la première fois. Il y avait une réception de mariage dans le pavillon, si bien qu'il se trouvait environ 150 personnes pour m'observer autour du 18e vert. Il me fallait réussir un roulé de 9 mètres en amont. Ma balle a décrit une belle trajectoire incurvée de droite à gauche avant de disparaître dans la coupe. Tous les invités de la réception se sont mis à m'applaudir tandis que je sautais de joie. Ces gens furent ma première assistance. Après la partie, j'ai filé à la maison pour empocher ma récompense.

Native de Denver, Jill McGill joue au golf depuis l'âge de 12 ans. Elle a remporté le titre amateur féminin des États-Unis en 1993, puis le championnat américain du golfeur public en 1994. Médaillée à deux reprises au tournoi All-American de l'université de Californie, McGill a réalisé des gains de plus de 1 million de dollars depuis son arrivée sur le circuit de la LPGA en 1996.

Chapitre 8

LA SORTIE EN EXPLOSION

Une fois que vous aurez maîtrisé la technique de la sortie en explosion, vous ne considérerez plus les fosses de sable comme des obstacles.

AMÉLIOREZ VOTRE JEU 100 90 80

LA SORTIE EN EXPLOSION

S'élancer dans le sable

Bon nombre de golfeurs, et particulièrement les néophytes, craignent les sorties en explosion plus que tout autre type de coup. Leur appréhension est due au fait que la technique du coup explosé ne ressemble à aucune autre. C'est en effet le seul coup où le golfeur n'est pas appelé à frapper directement la balle. Pour faire sortir votre balle d'une fosse, vous devez frapper le sable. La tête du bâton glissera alors sous la balle, propulsant celle-ci sur un coussin de sable.

Plus que tout autre coup, la sortie en explosion doit être abordée avec assurance – il ne faut pas avoir peur quand on joue à partir d'une fosse de sable. Exécutez le coup au meilleur de vos capacités sans vous inquiéter à l'avance de son résultat. Ayez confiance en votre bâton, en votre technique, ainsi qu'en vous-même.

Une fois que vous aurez assimilé les rudiments du coup explosé, votre objectif sera d'affiner votre technique afin de pouvoir envoyer la balle aussi près du trou que possible. Lorsque vos coups explosés toucheront le vert avec régularité, vous aurez davantage confiance en vos capacités et les sorties en explosion ne seront plus pour vous un sujet de crainte. Chaque coup explosé deviendra alors à vos yeux une occasion de placer la balle en bonne position et de retrancher plusieurs coups à votre carte de pointage.

Pages précédentes : David Duval extirpant sa balle d'une des fosses profondes du Old Course.

La confiance en soi est un ingrédient essentiel de la sortie en explosion. Selon l'instructrice de renom Gale Peterson, le golfeur qui veut maîtriser le coup explosé doit avoir confiance en son bâton, en sa technique et en lui-même.

Sortir de la fosse en un seul coup

Les rudiments du coup explosé selon Ernie Els.

VISEZ LE SABLE ET NON LA BALLE

Quand vous jouez à partir d'une fosse de sable, vous n'avez pas à produire un contact aussi précis que lorsque vous frappez la balle dans l'allée. Le coup explosé est en fait un coup gras délibéré, ce que vous constaterez en frappant quatre ou cinq balles de la fosse. Exécutez ces coups en une succession rapide et visez un point situé environ 5 cm derrière chaque balle – c'est là que votre tête de bâton s'enfoncera dans le sable. Jouez la balle légèrement vers l'avant dans votre position de pieds de manière que le point le plus bas de votre élan survienne sous la balle et légèrement derrière celle-ci. Examinez ensuite les trous que vous avez creusés dans le sable et vous verrez qu'ils ne sont pas tous identiques. Cela signifie que vous disposez d'une marge d'erreur appréciable quand vous jouez dans une fosse. Du moment que votre élan continue de gagner en vélocité au moment où votre bâton plonge dans le sable, vous obtiendrez de bons résultats. La rotation de la balle sera plus grande et son envolée plus longue si le point d'impact est situé plus près de la balle; l'envolée sera plus courte si le point d'impact est situé un peu plus loin derrière la balle, par contre celle-ci roulera sur une plus longue distance après avoir touché terre.

QUE DIT LE RÈGLEMENT ?

Le golfeur n'est pas autorisé à retirer les objets naturels – feuilles, brindilles, insectes, etc. – se trouvant dans une fosse de sable. On considère que ces «détritus» font partie intégrante de la fosse. En revanche, vous pouvez retirer tout objet fabriqué de main d'homme – gobelet en carton, mégot de cigarette, etc. Dans une fosse de sable, vous n'avez pas le droit de déposer votre bâton au sol ou de toucher le sable en faisant vos élans d'exercice.

LES SECRETS DE L'ÉQUIPEMENT

L'INDICE DE REBONDISSEMENT

Le cocheur de sable est un bâton conçu spécialement pour les sorties en explosion. Vous voyez cette protubérance métallique située derrière le bord d'attaque ? Eh bien, c'est l'orientation de cette excroissance nommée collerette qui définit l'« indice de rebondissement » du bâton. Les cocheurs de sable ont un indice de rebondissement supérieur aux autres bâtons – l'angle de la collerette par rapport à la semelle du bâton varie entre 8 et 15 degrés. Si le cocheur de sable n'était pas doté de cette caractéristique, sa lame s'enfoncerait profondément dans le sable au lieu de le « fendre » pour glisser sous la balle. Quand un canard se pose sur un étang, il pointe ses pattes palmées vers le haut, ce qui lui permet de glisser à la surface de l'eau. Or, c'est exactement ce que la semelle de votre cocheur de sable doit faire lorsqu'elle plonge dans le sable derrière la balle.

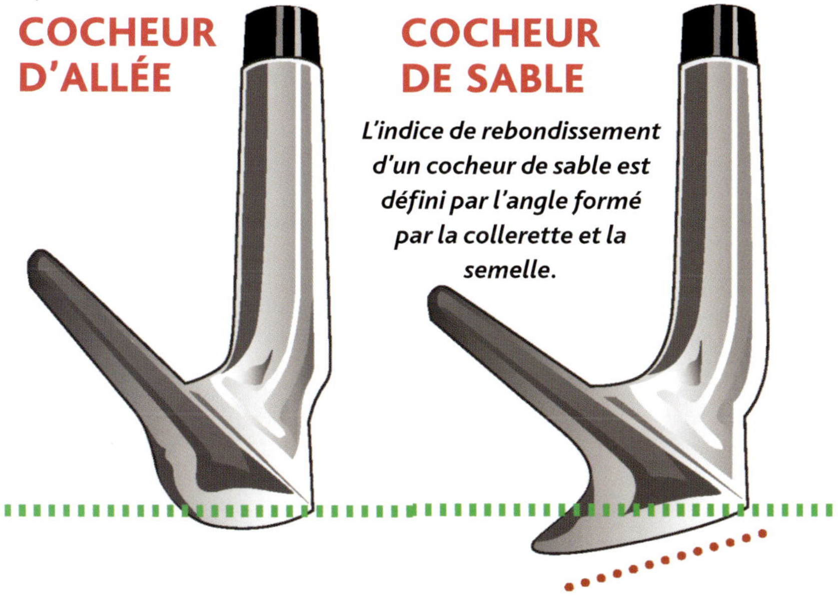

COMMENT S'ÉLANCER DANS UNE FOSSE DE SABLE

La mise en position, la trajectoire de l'élan et l'ouverture de la face du bâton sont autant d'éléments cruciaux de la sortie en explosion. Voici un exercice qui vous aidera à maîtriser ce coup très particulier. Tracez quatre cases dans le sable et numérotez-les comme dans la photo ci-contre. La ligne horizontale doit pointer vers la cible et doit être parallèle à l'alignement de vos épaules et de vos pieds. Déposez votre balle à l'intersection des deux lignes et placez vos pieds dans les cases 3 et 4. La face du bâton doit être ouverte et sera donc orientée vers la case 1. Dans la zone d'impact, le bâton passera de la case 2 à la case 3. Cette trajectoire d'élan extérieure/intérieure est idéale pour ce genre de coup.

La technique du coup explosé selon Rick Smith.

Si vous avez du mal à maîtriser le coup explosé, essayez sa version simplifiée

UNE LIGNE DANS LE SABLE

Une sortie en explosion s'effectue généralement avec une position de pieds ouverte, une face de bâton ouverte et une trajectoire d'élan orientée de l'extérieur vers l'intérieur. Outre cette approche classique, il y a d'autres façons d'exécuter le coup explosé. Certains golfeurs préfèrent appliquer dans la fosse de sable la mise en position qu'ils utilisent sur l'allée, c'est-à-dire que leur position de pieds est parallèle à la ligne de visée et que leur face de bâton est perpendiculaire à la cible. Seule différence : dans la fosse de sable, ils jouent la balle plus près de leur pied avant. Cette variante du coup explosé classique convient particulièrement aux golfeurs qui utilisent un cocheur de sable doté d'une collerette large à indice de rebondissement élevé.

L'exercice suivant vous permettra de vérifier si cette version simplifiée de la sortie en explosion convient à votre style de jeu. Installez-vous dans une fosse et tracez une ligne dans le sable comme dans les photos ci-dessous. Cette ligne doit passer entre vos pieds, 2 ou 3 cm sous votre talon gauche. Placez la balle dans un petit cercle que vous aurez tracé devant la ligne, puis prenez position. Vos pieds doivent être parallèles à la ligne de visée ; la face du bâton sera perpendiculaire à la cible. Élancez-vous ensuite en vous efforçant de toucher le sable juste devant la ligne, à hauteur de votre épaule gauche. Au lieu de vous concentrer sur la balle, imaginez que vous devez creuser un trou dans le sable là où se trouve le cercle. Si vous touchez le sable à cet endroit, la balle sera tout naturellement éjectée de la fosse.

NE CHANGEZ PAS VOTRE PRISE

Certains golfeurs prétendent qu'il faut raccourcir sa prise quand on joue à partir d'une fosse pour la simple raison que l'on a les pieds enfoncés dans le sable. C'est faux. Vous ne changez pas votre prise quand votre balle est perchée sur un té, n'est-ce pas ? Quand vous avez les pieds dans le sable, agrippez la poignée du bâton à la même hauteur que d'habitude. Au lieu de vous soucier de votre prise, assurez-vous que la tête du bâton plonge dans le sable environ 5 cm derrière la balle.

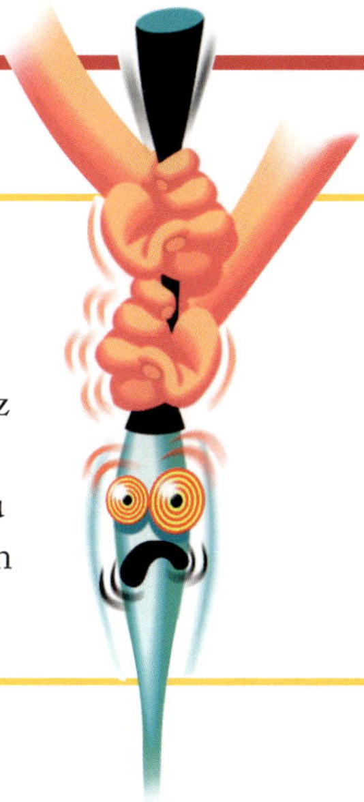

La répétition du coup explosé selon Butch Harmon.

RÉPÉTEZ LE COUP EXPLOSÉ AVANT DE JOUER

Avant une partie, la plupart des golfeurs s'échauffent en claquant des balles au terrain d'exercice, puis en exécutant quelques roulés de courte et moyenne distance. Or, cela n'est pas suffisant. Votre séance d'échauffement devrait impérativement inclure des approches roulées et des sorties en explosion. En plus de vous informer quant à la texture du sable cette journée-là – est-il ferme ? mou ? –, cet entraînement préliminaire vous permettra d'avoir plus confiance en vous quand vous vous retrouverez, comme c'est souvent le cas, dans une fosse de sable au premier ou deuxième trou.

La séquence d'élan d'Ernie Els : le coup explosé

AFFINEZ VOTRE TECHNIQUE EN IMITANT LES PLUS GRANDS

Ayant grandi en Afrique du Sud, j'ai beaucoup appris en observant ces grands golfeurs que sont Gary Player (ci-dessous) et David Frost. Gary est à tous points de vue un as de la fosse de sable. Frosty aussi, d'ailleurs. J'aime bien sa technique, cette façon qu'il a de s'élancer uniquement avec le haut du corps, et particulièrement avec son bras droit, tout en gardant ses jambes immobiles. Quand je regarde un tournoi à la télé, j'observe toujours la technique de mes collègues pros et continue à ce jour de tirer de précieuses leçons de ces observations. Mais pour l'instant, c'est à moi de servir d'exemple. Étudiez bien la séquence photo ci-contre. Même si votre but n'est pas, comme je l'ai fait à l'Omnium britannique de 2002, de réussir une sortie en explosion spectaculaire pour gagner un tournoi majeur, votre prochain coup explosé pourrait être celui qui vous permettra d'inscrire la meilleure marque de votre vie.

Ernie Els a développé son coup explosé en s'inspirant de la technique de Gary Player.

AMÉLIOREZ VOTRE JEU
90

Comment passer de la fosse au vert à tous les coups

UNE GERBE DE SABLE

Dans une fosse, vous devez effectuer un élan trois fois plus puissant que si vous jouiez de l'allée à distance égale. Ne craignez donc pas de vous élancer agressivement. Prenez position de façon que la balle soit à hauteur de votre talon avant et ne permettez pas à la face du bâton de se refermer à l'impact. Faites gicler une gerbe de sable vers la cible en creusant dans le sable un trou de la taille d'une empreinte de pied. L'accélération de votre élan doit être fluide au point d'en devenir imperceptible. Évitez à tout prix les petits coups secs.

L'accélération selon Jim McLean.

JOUEZ DE PRUDENCE

Si la fosse de laquelle vous jouez n'est pas dotée d'une lèvre surélevée, vous pouvez en sortir en faisant un coup roulé. Moins flamboyant que la sortie en explosion, ce coup n'en est pas moins efficace. Contrairement à un roulé ordinaire, n'assoyez pas le bâton et orientez la tige un peu vers l'avant.

Le dégagé selon Rick Smith.

POUR PLUS DE PRÉCISION, VARIEZ L'AMPLITUDE DU DÉGAGÉ

Dans le cas de la sortie en explosion, la longueur de la montée est moins importante que celle du dégagé. La règle de base de ce coup est la suivante : plus la distance du coup est grande, plus long sera le dégagé. Sur un coup de faible distance, le dégagé s'arrêtera environ à hauteur du genou ; un coup de distance moyenne nécessite un dégagé s'arrêtant à hauteur de la poitrine ; un coup explosé long nécessite, quant à lui, un dégagé complet finissant au-dessus des épaules.

L'ASPECT MENTAL DU JEU

JOUEZ AVEC SÉRIEUX, MAIS SANS PENSER À VOTRE POINTAGE

Selon le Dr Bob Rotella, nous jouerions tous beaucoup mieux si nous recevions nos cartes de pointage à la fin d'une partie plutôt qu'au début. Il est difficile de se concentrer quand on pense au pointage, c'est pourquoi vous devez apprendre à jouer sans vous en préoccuper. Remarquez que cela ne veut pas dire que vous devez jouer avec insouciance. Jouez avec sérieux et enthousiasme, mais en vous concentrant toujours sur le coup à exécuter et non sur l'impact que ce coup pourrait avoir sur votre marque. Vous pouvez même laisser votre carte de pointage au vestiaire. Je suis convaincu que vous n'aurez aucun mal à vous souvenir de chacun de vos coups après la partie.

Comment jouer à partir d'une fosse de sable d'allée

Les fosses d'allée selon Hank Haney.

L'IMPORTANCE DU CHOIX DE BÂTON

Pour bien choisir le bâton à utiliser à partir d'une fosse de sable d'allée, vous devez être en mesure de visualiser la trajectoire de la balle. Cela est particulièrement vrai quand la fosse est pourvue d'une lèvre surélevée se dressant entre la cible et vous. Votre priorité sera alors de franchir ce rebord. Vous pourriez faire avancer la balle plus loin dans l'allée avec un fer long, par contre ce type de bâton ne produira pas toujours une trajectoire de balle suffisamment élevée pour vous permettre de passer par-dessus la lèvre. Choisissez plutôt un bâton qui vous permettra une plus grande marge d'erreur.

FRAPPEZ MINCE

À partir d'une fosse d'allée, jouez la balle vers l'arrière dans votre position de pieds et frappez-la à l'équateur. En ce cas-ci, mieux vaut frapper mince que gras.

L'ANALYSE DU POINTAGE

APPRENEZ À ÉVALUER VOTRE POTENTIEL RÉEL

David Leadbetter conseille aux golfeurs de tous niveaux de calculer leur marque « potentielle » après une partie. Vous verrez ainsi ce dont vous êtes capable, ce qui vous donnera confiance en vos capacités. Cet exercice vous permettra également d'évaluer vos faiblesses de façon objective ; après avoir analysé vos pires trous de la journée, vous saurez sur quelles techniques travailler. Dans l'exemple ci-dessous, Bill a joué un 104. Il calculera sa marque potentielle en additionnant ses neuf meilleurs trous (cinq normales 4, deux normales 5 et deux normales 3), puis en multipliant ce nombre (44) par deux (88). Il ajoutera 10 pour cent (9) pour prendre en compte les interventions fortuites, ce qui lui donnera une marque potentielle de 97.

Trou	1	2	3	4	5	6	7	8	9	Aller	10	11	12	13	14	15	16	17	18	Retour	Total	Hcp	Net
Normale	4	3	5	4	5	3	4	4	4	36	4	4	5	4	3	4	3	4	5	36	72		
Handicap	16	10	8	2	6	18	12	4	14		11	15	1	5	17	7	13	9	3				
Bill	5	4	7	5	6	4	8	7	5	51	5	4	8	6	6	7	5	6	6	53	104		

SAVOIR QUAND AVALER LA PILULE

Pour franchir le cap du 90, vous devez éviter les marques élevées sur chaque trou. Un conseil : ne tentez pas un coup audacieux après un coup raté. Si votre balle se trouve en mauvaise position, avalez la pilule et jouez prudemment en choisissant un coup aussi simple que possible.

AMÉLIOREZ VOTRE JEU
80

Réussir le coup explosé même quand la position de balle est mauvaise

À PARTIR D'UNE POSITION EN AVAL

Bon nombre d'excellents golfeurs ont du mal à maîtriser la sortie en explosion à partir d'une position de balle en aval. Pour réussir ce type de coup, vous devez placer vos épaules dans le même angle que la pente. Jouez la balle vers l'avant dans votre position de pieds, comme lors d'un coup explosé normal. Pointez votre pied gauche vers l'extérieur, c'est-à-dire vers la cible. Fléchissez votre genou droit et tournez-le légèrement vers la balle. Élancez-vous en suivant l'inclinaison de la pente et effectuez un dégagé complet. Même si cette technique produit une trajectoire de balle relativement basse, vous n'aurez aucun mal à sortir de la fosse.

La position en aval selon Dean Reinmuth.

RATISSEZ COMME UN PRO

Après avoir joué dans une fosse de sable, vous devez passer le râteau. Voici la bonne façon de procéder : commencez par ratisser le sable avec les dents du râteau ; utilisez ensuite le côté plat de l'outil pour lisser et aplanir la zone que vous venez de râteler. Si vous ne vous acquittez pas correctement de cette tâche, les golfeurs qui vous suivent devront jouer dans vos sillons et empreintes de pas.

D'AUTRES POSITIONS DIFFICILES

La sortie en explosion ne se joue pas de la même manière selon que la balle est enfouie ou non dans le sable. Lorsque la balle est perchée sur un sable dense, il ne faut pas que la collerette du bâton fasse saillie en frappant le sol, car cela ferait rebondir la tête du bâton, produisant un coup calotté. Adoptez une position légèrement ouverte, mais gardez votre face de bâton perpendiculaire à la cible, comme vous le feriez en jouant de l'allée. À partir d'une position de balle enfoncée, refermez la face du bâton afin que celui-ci puisse bien pénétrer dans le sable. Posez votre poids davantage sur le pied gauche et appliquez un angle d'attaque abrupt.

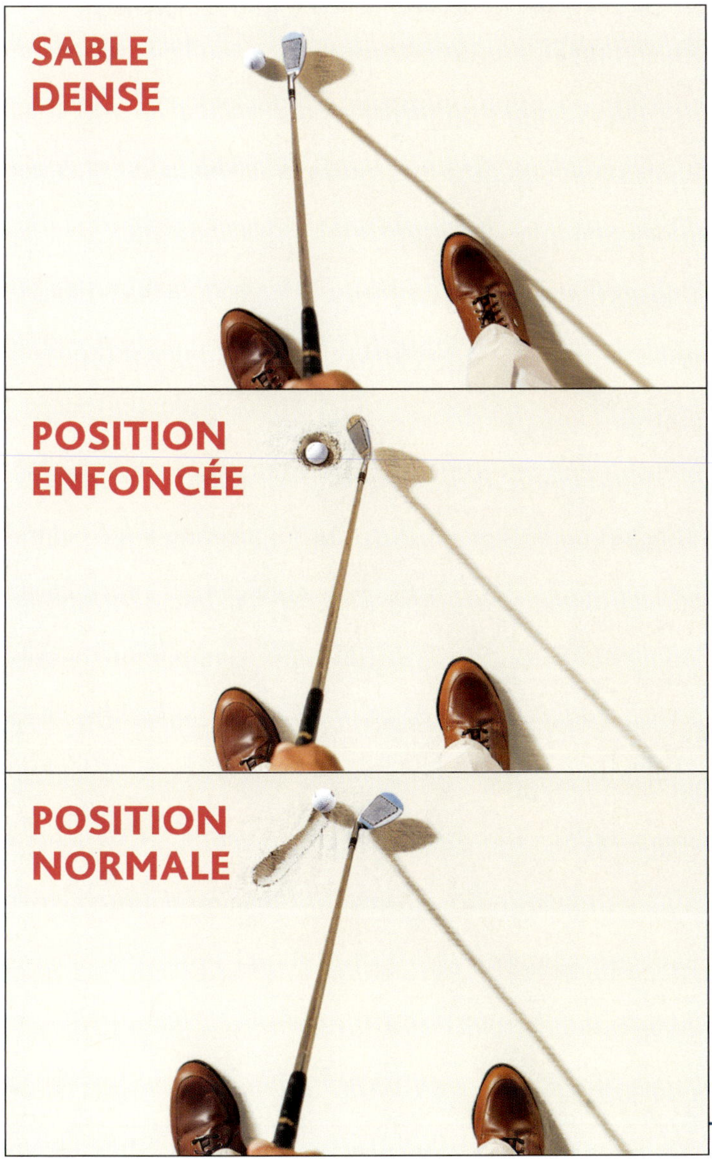

« GIFLER » LE SABLE AVEC LA MAIN DROITE

Dans l'élan du coup explosé tel qu'il est appliqué en bordure du vert, c'est la main droite qui domine. Commencez par affaiblir la prise de la main gauche en positionnant le dos de cette main face à la cible. De cette position, il est impossible d'effectuer l'élan avec la main gauche ou de refermer la face du bâton au moment de l'impact. (N'oubliez pas d'ouvrir la face du bâton avant d'appliquer votre prise.) Effectuez une montée rapide en gardant votre poids à gauche ; à la descente, vous devez avoir l'impression de gifler le sable de votre main droite. L'élan se conclut par un dégagé complet. Pour vous habituer à contrôler le mouvement avec la main droite, exécutez des coups explosés en tenant le bâton avec cette main seulement.

Le rôle de la main droite selon Butch Harmon.

Il y a des coups explosés vraiment difficiles. Voici comment les exécuter

LE COUP EXPLOSÉ LONG EN BORDURE DU VERT

En frappant le sable de 5 à 8 cm derrière la balle, vous parcourrez environ le tiers de la distance d'un coup de même force exécuté de l'allée. Si vous frappez des coups de 90 verges sur l'allée avec votre cocheur de sable, vos coups explosés auront environ 30 verges. Vous êtes confronté à un coup plus long à partir de la fosse? Selon Tom Ness, deux possibilités s'offrent alors à vous: frapper plus près de la balle; ou changer de bâton. Si vous choisissez la première option, vous devez reculer la balle de 2 ou 3 cm dans votre position de pieds. Mais prenez garde, car si vous frappez directement la balle sans toucher le sable, votre coup aboutira de l'autre côté du vert. Un bâton dont l'angle de face est moins élevé vous permettra de produire un coup plus long en conservant le même point d'impact. Assurez-vous toutefois que l'angle d'ouverture est suffisamment grand, sinon vous risquez de ne pas franchir la lèvre. Notez qu'un bâton à angle d'ouverture moins élevé aura un indice de rebondissement moindre; la tête de ce bâton risque donc de s'enfoncer profondément dans le sable sans atteindre la balle. Jouez la balle légèrement décentrée vers l'avant et effectuez un dégagé complet.

UNE POSITION DE BALLE ENFONCÉE

Quand la balle est enfouie dans le sable, on doit adopter une position initiale différente. De toute façon, dites-vous bien que, peu importe comment vous frapperez la balle, vous obtiendrez un coup bas qui roulera après avoir touché le vert. Jouez la balle au centre de votre position de pieds et posez votre poids sur votre jambe gauche. Le bâton sera alors incliné vers l'arrière, ce qui permettra au bord d'attaque de bien mordre le sable. Visez environ 5 cm derrière la balle. La tête du bâton s'enfoncera dans le sable et éjectera la balle hors de la fosse.

LA FOSSE EST LOIN DU VERT ? UTILISEZ UN BOIS D'ALLÉE

Quand votre balle se retrouve dans une fosse de sable ou une fosse naturelle située loin du vert et dont le rebord est peu élevé, utilisez un bois d'allée au lieu d'un fer long. Ouvrez légèrement la face du bâton, comme dans la photo ci-contre, et visez vers la gauche. En ouvrant ainsi la face, vous abaissez l'arrière de la tête du bâton, ce qui lui permettra de bien glisser sur le sable. Ne vous inquiétez pas si vous frappez le sol avant la balle, car la tête du bâton ne s'enfoncera pas dans le sable ; elle rebondira plutôt sur la surface de la fosse et percutera l'arrière de la balle, projetant celle-ci sur l'allée.

Paul Azinger, circuit de la PGA

UNE PREMIÈRE MÉMORABLE

Contrairement à bien des gars du circuit de la PGA, je ne suis pas un golfeur-né. À l'automne 1978, j'ai commencé à fréquenter le collège communautaire Brevard de Cocoa Beach, en Floride. À cette époque, je ne parvenais pas à jouer régulièrement mieux que 80, ce qui explique pourquoi je suis demeuré le joueur numéro 3 de l'équipe B jusqu'à la fin de ma première année à Brevard. C'est mon premier entraîneur au collège, Jim Suttie, qui m'a présenté à l'instructeur John Redman. Ces deux hommes sont en grande partie responsable de ma croissance et de mon succès dans le domaine du golf.

Je n'oublierai jamais le jour où j'ai franchi le cap du 70 pour la première fois. Quand je suis arrivé au 18e trou, un trou court à normale 5, je savais qu'il me suffisait de jouer la normale pour réussir cet exploit. Ayant touché le vert en deux coups, j'avais la possibilité de réussir un aigle. J'étais confronté à un roulé de 15 mètres, mais je savais que j'obtiendrais une marque de 69 même si je calais la balle en trois roulés.

Au bout du compte, j'ai fini la partie avec un 68. J'étais très excité, mais quand j'ai annoncé la nouvelle à Redman, il n'a pas semblé très étonné. Peut-être n'était-il pas conscient du fait que j'avais réalisé d'énormes progrès en très peu de temps; ou peut-être ne voulait-il tout simplement pas que je pense avoir déjà atteint le sommet de mes capacités en tant que golfeur. Quoi qu'il en soit, j'ai accueilli ce résultat comme un heureux présage.

Et, effectivement, je crois que c'est cette mémorable partie de 1980 qui a ouvert la voie à ma carrière de golfeur professionnel. Plus de 20 ans ont passé, mais le souvenir demeure cher à ma mémoire. Ce match fut décisif pour moi, non pas parce que c'était mon premier 68, mais parce qu'il m'a donné la confiance dont j'avais besoin pour atteindre un niveau de jeu supérieur.

En franchissant le cap du 70 pour la première fois, Paul Azinger était promis à une brillante carrière. On le voit ici calant la balle au 18e trou du tournoi de la Coupe Ryder de 2002, grâce à un coup explosé spectaculaire.

AZINGER
USA
States
of America

Chapitre 9

LES COUPS DIFFICILES

Pour abaisser ses marques, un golfeur doit être en mesure de se tirer d'embarras quand sa balle est en mauvaise position. La stratégie et l'exécution sont ici des facteurs de première importance.

AMÉLIOREZ VOTRE JEU
100
90
80

LES COUPS DIFFICILES

Remettre la balle en jeu

Il y a entre le tertre de départ et le vert une multitude d'obstacles et d'obstructions qui ont pour fonction de compliquer la vie du golfeur, de lui imposer un défi supplémentaire. Ce sont ces obstacles qui font du golf un sport si difficile à maîtriser.

Quel que soit votre niveau de jeu, vous devez apprendre à vous tirer d'embarras quand la position de balle est mauvaise. C'est ainsi que vous retrancherez tous ces coups inutiles que vous accumulez sur votre carte de pointage. Mais pour en arriver là, vous devez apprendre à toujours prendre la meilleure décision possible en vous basant sur vos capacités et sur la difficulté du coup auquel vous êtes confronté. Commencez par analyser votre position de balle. Votre élan sera-t-il entravé par la présence d'une branche ou d'une racine ? Où devez-vous envoyer la balle pour être en bonne position au prochain coup ? Quel bâton et quel élan devez-vous utiliser pour remettre la balle en jeu le plus sûrement possible ? Choisissez des coups de rattrapage qui ont un pourcentage de réussite élevé et vous abaisserez vos marques sans avoir à changer quoi que ce soit à votre élan. Et n'oubliez pas que le golf est avant tout un jeu ! Les coups difficiles donnent du piquant à un match tout en vous permettant d'exprimer votre esprit créatif. Accueillez-les donc avec bonne humeur.

Pages précédentes : Sergio Garcia fauchant la broussaille après un coup de départ raté.

Même un grand joueur comme Phil Mickelson se retrouve parfois en mauvaise posture.

Pour se tirer d'affaire, il faut prendre de bonnes décisions

REMETTEZ LA BALLE EN JEU IMMÉDIATEMENT

Réfléchissez bien avant d'essayer de passer par-dessus un obstacle tel un arbre ou un bosquet. Si vous ratez le coup, votre balle risque de se retrouver enfouie encore plus profondément dans la broussaille. Optez plutôt pour un petit coup coché qui vous permettra de remettre la balle en jeu immédiatement. Songez qu'un boguey est un excellent résultat pour le golfeur qui veut franchir le cap du 100.

Le jeu de sécurité selon Dean Reinmuth.

PLANIFIEZ VOTRE PARCOURS

Étudiez toujours le plan du parcours avant de commencer une partie. Cette « carte routière » du terrain vous permettra de reconnaître à l'avance les obstacles et de trouver la voie la plus sûre et la plus directe vers le vert.

ÉVITEZ LES ERREURS EN CHOISISSANT LE BON BÂTON

Ça ne rate jamais : quand un golfeur commet un boguey triple, il se fustige en se disant qu'il aurait dû jouer le trou différemment. Évitez ces douloureuses erreurs en prenant de meilleures décisions sur le parcours.

N'empoignez pas automatiquement votre bois d'allée quand votre balle se retrouve nichée dans l'herbe longue. Analysez d'abord votre position de balle. Songez que vous ne pourrez pas maintenir une bonne vélocité d'élan à l'impact avec ce type de bâton si la balle se trouve au milieu d'herbes hautes de 10 cm. En pareil cas, utilisez un bâton à angle d'ouverture plus élevé. Faites le nécessaire pour renvoyer la balle sur l'allée le plus sûrement possible.

Le choix de bâton selon Wendy Ward.

LES RÈGLES DU GOLF

QUAND DÉCLARER SA BALLE INJOUABLE

Lorsqu'on se retrouve dans une position vraiment mauvaise, il est parfois préférable de déclarer sa balle injouable. Vous subirez d'un coup de pénalité ; en revanche, vous pourrez lever la balle pour la laisser tomber à un endroit plus approprié. Les règles du golf permettent à un joueur de déclarer sa balle injouable partout sur le parcours, sauf quand elle se trouve dans un obstacle d'eau. Lorsqu'un golfeur déclare sa balle injouable, il est autorisé, en accusant une pénalité d'un coup, à :

- A : déplacer la balle pour rejouer de l'endroit où elle se trouvait au coup précédent, ou ;
- B : lever la balle pour la laisser tomber à pas plus de deux longueurs de bâton de l'endroit où elle se trouve, mais sans la rapprocher du trou, ou ;
- C : laisser tomber la balle à n'importe quelle distance derrière son emplacement initial, mais en restant toujours dans la même ligne de visée.

Si la balle injouable se trouve dans une fosse de sable, le joueur peut appliquer la clause A, B ou C. S'il choisit la clause B ou C, il n'est pas autorisé à laisser tomber sa balle à l'extérieur de la fosse.

Notez que si vous levez la balle selon cette règle, vous avez le droit de la nettoyer avant de la laisser tomber.

Comment faire sortir sa balle de l'herbe longue quand on est loin du vert

UTILISEZ UN BOIS D'ALLÉE

Au lieu d'employer un fer 3 ou 4 quand votre balle est dans l'herbe longue, tentez votre chance avec un bois d'allée métallique ou hybride. La forme de la tête, l'angle de face et le centre de gravité bas de ce type de bâton faciliteront l'envolée de la balle et vous donneront une plus grande marge d'erreur.

À partir d'une position de balle difficile, jouez la balle un peu plus vers l'arrière que vous ne le feriez normalement, mais en la gardant légèrement décentrée vers l'avant par rapport à votre position de pieds. De cette position, vos mains devanceront tout naturellement la balle à la prise de position initiale, ce qui vous permettra de produire une montée et une descente passablement abruptes, comme vous le feriez avec un fer moyen. Vous frapperez donc plus de balle que d'herbe à l'impact, et l'angle de face du bâton se chargera de propulser la balle dans les airs.

LES SECRETS DE L'ÉQUIPEMENT

QUEL BOIS CHOISIR DANS L'HERBE LONGUE

Les bois d'allée polyvalents – et particulièrement les bois 5, 7 et 9 – sont plus faciles à manier que les fers longs parce que leur face est plus étendue et que leur large semelle absorbe l'impact quand la tête du bâton contacte le sol, ce qui vous donne une plus grande marge d'erreur quand vous frappez gras. En raison de leur tête large et de leur centre de gravité bas, les bois d'allée polyvalents, contrairement aux fers longs, ne s'empêtrent pas dans l'herbe longue.

La semelle est dotée d'arêtes permettant au bâton de glisser sur l'herbe.

NE TENTEZ PAS D'IMITER LES PROS

À la suite d'un coup manqué, jouez prudemment et intelligemment. Au lieu de tenter un coup d'éclat digne de Seve Ballesteros, efforcez-vous de remettre votre balle en jeu en l'envoyant dans l'allée. Optez pour un coup sûr qui vous donnera la plus grande marge d'erreur possible. À partir de l'herbe longue, il est préférable de jouer de prudence en touchant le vert en deux coups d'approche plutôt que de tenter un coup risqué avec un bois 3. N'essayez jamais durant une partie un coup que vous n'avez pas répété au préalable au terrain d'exercice. À l'entraînement, exercez-vous à frapper la balle de l'herbe longue, et non pas uniquement d'une position de balle idéale.

UNE PRISE PLUS FERME

Quand votre balle est enfouie dans une broussaille épaisse, remettez-la en jeu en exécutant un petit coup coché avec un bâton à angle de face élevé. Raffermissez votre prise et effectuez une descente abrupte en accélérant de façon continue.

AMÉLIORER
VOTRE JEU
90

Quand votre balle est en mauvaise position, analysez la situation

UNE DESCENTE PLUS ABRUPTE

Lorsque vous jouez à partir de l'herbe longue, vous devez minimiser la distance sur laquelle la tête du bâton balaie la pelouse avant d'atteindre la balle. Vous effectuerez donc une descente abrupte. Décalez légèrement la balle vers l'arrière par rapport à votre position de pieds (voir ci-dessous) et ouvrez un peu la face du bâton pour éviter que le col de la tête ne s'empêtre dans l'herbe, ce qui aurait pour effet de refermer la face.

DÉGAGEZ LA VOIE

Avant de jouer d'une position difficile, dégagez la voie en retirant précautionneusement feuilles, brindilles et autres détritus qui entourent votre balle.

S'ADAPTER À LA POSITION DE BALLE

La qualité de la position de balle vous dira comment procéder dans l'herbe longue. Si la position est bonne (ci-dessus, gauche), adoptez votre position habituelle et gardez la face du bâton perpendiculaire à la cible ; notez que la rotation de la balle sera moindre et son envolée plus longue à cause des brins d'herbe se trouvant entre la face et la balle à l'impact. Si la position de balle est médiocre (centre), décalez légèrement la balle vers l'arrière et ouvrez légèrement la face du bâton. D'une position très mauvaise où la balle est nichée profondément dans la pelouse (droite), ouvrez encore davantage la face du bâton et effectuez une descente abrupte en visant carrément le dessus de la balle.

L'ASPECT MENTAL DU JEU

NE PLEUREZ PAS SUR VOS COUPS RATÉS

Au lieu de vous morigéner pour chaque balle manquée, accordez-vous un quota de coups ratés. Ainsi, un golfeur qui a un handicap de 18 peut s'attendre à rater 18 coups à chaque partie de 18 trous. Ainsi que le dit si bien le Dr Bob Rotella, quand on joue au golf, on ne peut pas viser la perfection.

Comment jouer par temps de grand vent

ROULER LA BALLE DANS LA BOURRASQUE

Si votre pantalon claque tel un drapeau dans la bise, c'est que vous avez à tenir compte du vent dans l'exécution de vos coups roulés – et particulièrement si le vert est rapide. Stabilisez votre élan en élargissant un peu votre écartement de pieds. N'assoyez pas votre fer droit sur le sol, car le vent pourrait créer un vide en soufflant par-dessus la tête du bâton, ce qui aurait pour effet d'aspirer la balle vers la face – un incident malencontreux qui vous vaudrait un coup de pénalité. Pour éviter cela, tenez la tête du bâton suspendue au-dessus du sol, à environ deux centimètres de la balle.

Le roulé par temps venteux selon Nick Price.

Le facteur éolien selon Butch Harmon.

PRENEZ GARDE AUX VENTS LATÉRAUX

Frappez vos coups d'approche contre le vent afin que leur trajectoire s'incurve vers la cible et que l'atterrissage se fasse en douceur. Dans le cas d'un coup de départ, ne vous souciez pas trop des vents latéraux ; laissez le vent porter la balle, mais en prenant soin de ne pas viser en direction d'un obstacle.

JOUER SANS GRELOTTER

Les golfeurs qui n'ont pas franchi le cap du 90 n'ont généralement pas un élan très fluide et ne devraient donc pas porter de manteau ou de pull molletonné par temps froid. Ce genre de vêtement ne fera qu'inhiber davantage leur capacité de mouvement. Quand il fait frisquet, optez pour une chemise à manches longues et une veste sans manches.

JUGER LA VITESSE DU VENT

Un vent de 15 km/h fait osciller la cime des arbres. À 30 km/h, vos manches et votre pantalon claquent au vent. Un vent de 50 km/h emportera votre casquette. Au-delà de 50 km/h, rien ne va plus ; au lieu de votre belle trajectoire de balle habituelle, contentez-vous de frapper des coups amortis avec un fer long.

CHOISIR SON BÂTON EN FONCTION DU VENT

La formule suivante vous aidera à choisir votre bâton en fonction du vent sur les coups longs : pour chaque 15 km de vent contraire, prenez un bâton de plus que ce que vous utiliseriez normalement à pareille distance ; si vous jouez dans la direction du vent, prenez un demi-bâton de moins par 15 km de vent. Adoptez une stratégie prudente, mais élancez-vous avec assurance.

AMÉLIOREZ VOTRE JEU

90

Évitez le danger et vous éviterez les pointages élevés

UN REPÈRE INEXACT

Quand vous prenez position sur le tertre, alignez-vous sur la cible et non sur les jalons de départ. Si vous vous fiez à ces repères, vous risquez de vous aligner d'un côté ou de l'autre de la cible. Reculez et étudiez la disposition du trou avant de planter votre té dans le sol.

SOYEZ CONSCIENT DE VOS LIMITES...

Si vous voulez franchir le cap du 90, il est impératif que vos coups de départ trouvent l'allée. Tout coup frappé hors limites, dans un obstacle ou dans l'herbe longue peut avoir des conséquences désastreuses sur votre marque finale. Sur les trous longs à normale 4 ou normale 5, jouez un coup prudent qui restera en jeu au lieu de tenter un claqué record avec votre bois 1. Soyez conscient de vos limites. N'hésitez pas à tirer avantage de votre handicap sur les trous longs. Vous aurez tôt fait d'abaisser votre marque et votre handicap si votre résultat net vous permet d'obtenir la normale sur les trous longs.

... ET UTILISEZ VOTRE HANDICAP À VOTRE AVANTAGE

La qualité de vos coups ratés est aussi importante que la qualité de vos coups réussis. Si votre objectif est de passer sous la barre du 90, c'est que votre handicap est

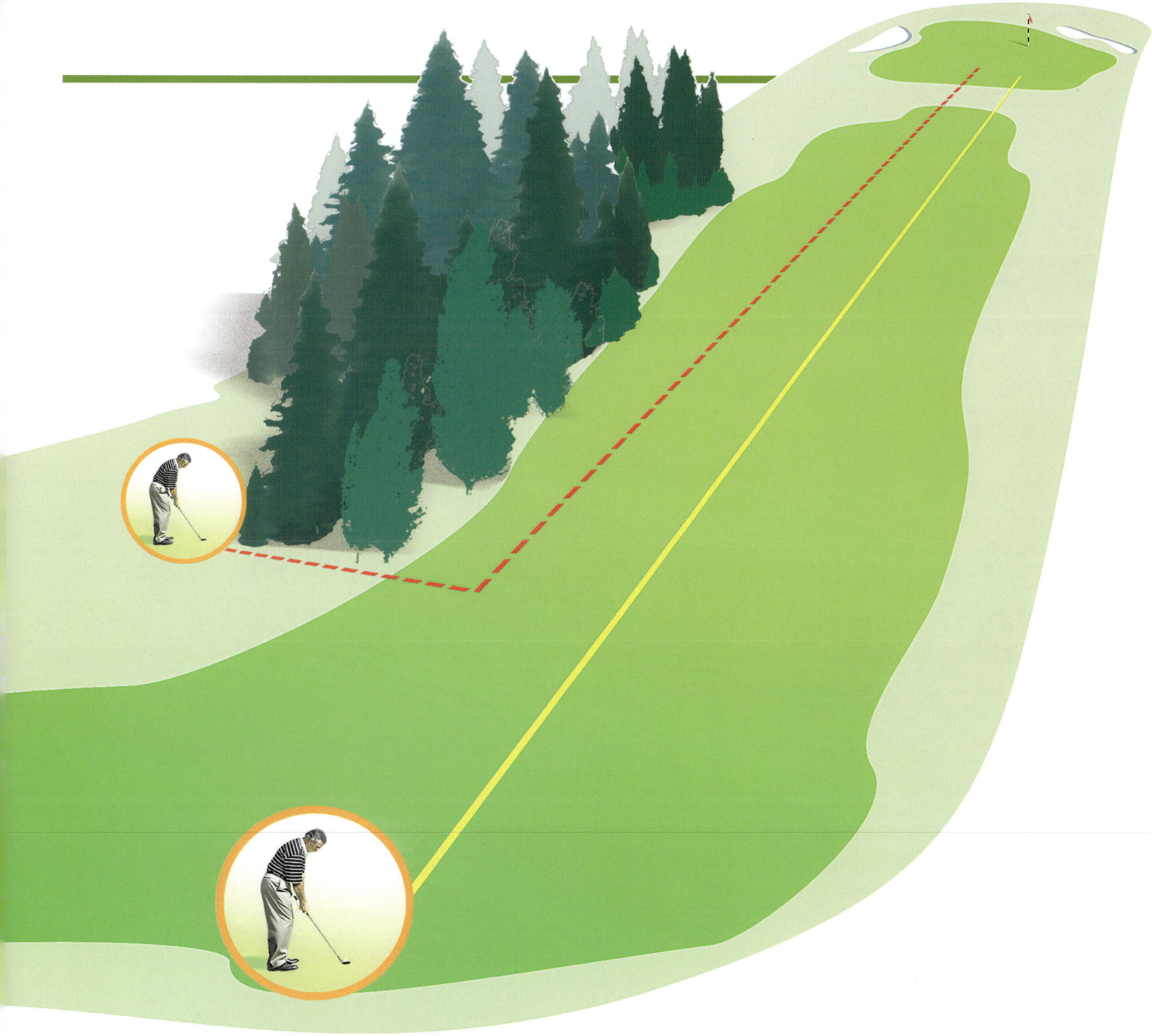

18 ou plus. Élaborez votre stratégie en fonction de cette marge d'erreur. Sur un trou de 400 verges à normale 4 comme celui illustré ci-dessus, vous commencez le trou à −1. À vous d'user judicieusement de ce coup supplémentaire. Vous pouvez vous élancer de toutes vos forces avec votre bois 1, sans aucun contrôle, et aboutir derrière les pins à 250 verges du vert ; ou vous pouvez envoyer la balle en plein centre de l'allée avec votre bois 3, ce qui vous laisse l'équivalent d'un trou à normale 4 de 200 verges. Pour le golfeur qui veut abaisser ses marques, la seconde stratégie est de loin la meilleure.

Tiger Woods s'extirpant d'un massif de delosperma, une plante originaire d'Afrique du Sud qui tient lieu d'obstacle sur les parcours de la péninsule de Monterey, dont celui de Pebble Beach.

Savoir quand y aller à fond et quand jouer prudemment

VISEZ POUR ÉVITER LE DANGER

Bon nombre de golfeurs auront tendance à viser directement le drapeau sur un trou à normale 3 de moins de 185 verges comme celui illustré ci-dessous. Or, si le coup est trop court ou dévie vers l'intérieur, vous aboutirez dans l'eau et serez confronté à la possibilité d'un boguey double.

Évitez plutôt le danger en visant le côté droit du vert. Que votre trajectoire de balle soit bien droite ou incurvée vers l'intérieur, vous toucherez le vert sans problème. Le joueur particulièrement prudent jouera à court et vers la droite, ce qui le laissera en bonne position pour effectuer un petit coup d'approche.

REPÉREZ UNE CIBLE INTERMÉDIAIRE

Ne vous concentrez pas sur les obstacles que vous cherchez à éviter – en ce cas-ci, les bosquets situés de part et d'autre de la cible. Repérez plutôt un objet – feuille, motte de gazon, etc. – situé à un mètre de la balle sur la ligne de visée et faites-en votre cible intermédiaire. Votre balle doit passer directement au-dessus de cette cible.

RÉDUISEZ LE RISQUE AU MAXIMUM

La situation ci-dessous comporte plusieurs risques potentiels. Si je tente une approche lobée en visant à droite du drapeau, mon coup devra nécessairement franchir la butte se trouvant devant le vert. Si le coup atterrit puis rebondit sur la pente arrière de cette butte, ma balle aboutira derrière le vert, ce qui me forcera à effectuer une approche roulée pour l'atteindre à nouveau. La meilleure façon de procéder en ce cas-ci est d'éviter tout danger éventuel en passant par-dessus les arbres pour atterrir sur la portion gauche du vert. De là, je serai en mesure de tenter ma chance avec mon fer droit.

La gestion des risques selon Hank Haney.

CHOISIR SA TRAJECTOIRE

Pour devenir un bon golfeur, il faut apprendre à contrôler la trajectoire et la hauteur de ses coups. Quand vous vous retrouvez à proximité d'un bosquet d'arbres comme dans la photo ci-dessus, optez pour un coup sec qui partira en flèche et produira une trajectoire basse. Décentrez légèrement la balle vers l'arrière, puis effectuez l'équivalent d'une approche roulée frappée avec force. Vos poignets doivent rester fermes à l'impact et votre dégagé sera court. Si vous préférez passer par-dessus les arbres, jouez la balle davantage vers l'avant dans votre position de pieds et ouvrez légèrement la face du bâton. Élancez-vous encore plus puissamment, car la face ouverte et la hauteur du coup vous feront perdre de la distance.

Apprenez à vous débrouiller quand la position de balle est atypique

La stabilité selon Dean Reinmuth.

TOUJOURS GARDER L'ÉQUILIBRE

Ce n'est qu'au terrain d'exercice et sur le tertre de départ que la balle se trouve directement à hauteur de vos pieds. Sur le parcours, votre position de balle sera plus souvent qu'autrement irrégulière; vous aurez donc à ajuster votre position initiale en conséquence. Quand vous jouez d'une position dénivelée où les pieds sont plus élevés que la balle (voir ci-dessus), votre principale préoccupation est de maintenir un équilibre optimal tout au long de l'élan. Si votre position est instable, vous aurez tendance à vous redresser à l'impact pour éviter de perdre l'équilibre. Si vous changez l'angle de votre dos durant l'élan, vous produirez un coup faible tout en rebonds qui partira vers la droite. Ancrez-vous bien sur la pente en accentuant la flexion des genoux. Faites quelques élans d'exercice avant d'exécuter le coup proprement dit; cela vous aidera à bien sentir où le bâton doit brosser la pelouse.

QUAND LA BALLE EST PLUS HAUTE QUE LES PIEDS

Vous devez ici ajuster votre élan en fonction de la sévérité de la pente. Tenez-vous un peu plus loin de la balle que vous ne le feriez s'il n'y avait pas de dénivellation (voir ci-dessous). Vous vous adapterez à la pente et éviterez de frapper gras en raccourcissant votre prise. Un élan d'exercice vous permettra de vérifier à quelle hauteur le bâton touchera le sol. Comme cette position produit généralement un crochet intérieur, compensez en visant vers la droite. Maintenez votre posture tout au long de l'élan.

La position dénivelée selon Judy Rankin.

La position en aval selon Johnny Miller.

FRAPPER LA BALLE EN AVAL

Bien des golfeurs essaieront de favoriser l'envolée de la balle en frappant celle-ci par-dessous. Par conséquent, ils frapperont trop gras ou trop mince quasiment à tous coups. Décalez plutôt la balle vers l'arrière, puis élancez-vous parallèlement à la pente, produisant ainsi un coup à trajectoire basse. Bien que certaines personnes disent qu'il faut prendre un bâton de plus quand on joue en aval, je vous conseille d'utiliser le bâton que vous utiliseriez normalement de cette distance. L'envolée ne sera pas aussi longue que si vous jouiez à partir d'une surface plane, néanmoins la distance totale du coup sera la même.

UN PETIT JEU REDOUTABLE

Le golfeur qui sait maîtriser ses cocheurs à partir d'une position difficile fait l'envie de tous. Quand la position est très mauvaise, jouez la balle à hauteur de votre pied arrière. Vous frapperez la balle en un mouvement descendant, produisant ainsi un contact franc et solide.

Face à un obstacle, laissez libre cours à votre esprit créatif et… amusez-vous !

RETOMBEZ EN ENFANCE

Janet Coles a beaucoup travaillé avec des golfeurs juniors. Or, l'attitude de jeunes joueurs tels qu'Ariana Patterson (ci-dessous) est pour elle une source constante d'inspiration. Ariana ne craint pas les obstacles qu'elle rencontre sur le parcours. À ses yeux, un obstacle d'eau n'est rien de plus qu'une petite épreuve amusante. Les enfants s'élancent toujours avec assurance parce qu'ils n'ont pas appris à avoir peur en jouant au golf ; nous autres adultes gagnerions beaucoup à les imiter. Allez, retombez vous aussi en enfance ! Cela vous aidera à triompher de vos craintes.

ENVISAGEZ CHAQUE POSSIBILITÉ

Lorsque vous vous trouvez dans une position difficile, songez que vous avez un choix de quatre directions où envoyer la balle : vers l'avant ; de biais ; vers le côté ; et vers l'arrière. Vous disposez également d'un choix de trois trajectoires de balle : haute ; basse ; et entre les deux. Cela vous donne un total de 12 possibilités différentes à envisager.

Après avoir rapidement analysé ces 12 portes de sortie, vous devez procéder au choix de bâton. N'oubliez pas que vous pouvez utiliser à tous moments n'importe lequel des 14 bâtons qui sont dans votre sac. Alors, faites preuve d'imagination. Ici, par exemple, j'ai décidé d'utiliser mon fer droit pour faire rouler la balle le long du chemin destiné aux voiturettes. Je me suis dit : « Pourquoi pas ? » Et j'ai bien fait, car ma balle s'est arrêtée juste à côté du vert !

L'imagination selon John Elliott junior.

Quand la position est vraiment désastreuse, tentez le tout pour le tout

LE COUP DE RECOUVREMENT « À L'ENVERS »

On insiste beaucoup sur l'importance de jouer prudemment. Cette façon plutôt ennuyeuse de jouer vous évitera certes les pointages trop élevés en vous assurant quelques bogueys, mais elle limite également vos chances de réussir la normale, voire un oiselet. Lors d'une partie par trous, il n'y a aucun mal à tenter parfois le tout pour le tout.

Vous pouvez par exemple tâter de l'approche héroïque lorsque votre balle est blottie contre un arbre ou un rocher. Là où le joueur prudent déclarerait sa balle injouable et encaisserait volontiers son coup de pénalité, rien ne vous empêche de tenter l'impossible. Empoignez votre fer 9 et tenez-le à l'envers tout en appliquant votre prise habituelle. Adoptez un écartement de pieds réduit, gardez votre corps immobile et visez l'arrière de la balle. L'élan « à l'envers » s'effectue principalement avec les bras. Votre priorité est de vous extirper de cette position difficile, mais vous pouvez tout de même essayer d'envoyer la balle sur le vert ou de la remettre en jeu en bonne position.

L'approche héroïque selon Hank Haney.

LE PLAISIR AVANT TOUT

Ne prenez pas les choses trop au sérieux quand vous jouez mal. N'oubliez pas que le golf est un jeu que vous pratiquez pour le plaisir. Ce n'est pas votre gagne-pain.

SAUVER SA BALLE DE LA NOYADE

Il n'y a rien de plus excitant que de réussir un coup de recouvrement spectaculaire à partir d'une position impraticable. Ce sont bien souvent là nos coups les plus mémorables.

Du moment qu'elle n'est pas entièrement immergée, vous pouvez jouer une balle se trouvant juste sur le bord d'un obstacle d'eau. Utilisez un cocheur de sable et frappez dans l'eau, à l'arrière de la balle. Ne craignez pas de vous élancer avec force. Portée par une grande éclaboussure, votre balle sera propulsée hors de l'eau. Ce coup ressemble beaucoup à la sortie en explosion. Ici comme dans une fosse de sable, vous n'avez pas le droit d'asseoir le bâton en prenant position.

Nick Price, circuit de la PGA

UNE PREMIÈRE MÉMORABLE

En juillet 1974, j'ai voyagé à l'extérieur de l'Afrique pour la première fois. J'étais alors âgé de 17 ans. Ma destination : le parcours Sud de Torrey Pines, à San Diego. J'avais été invité à participer au championnat mondial junior… et je n'avais aucune idée de ce qui m'attendait.

Le groupe des 15 à 17 ans comptait 256 compétiteurs issus de 28 pays. La possibilité de remporter le tournoi ne m'a même pas effleuré l'esprit ; tout ce que je voulais, c'était de bien jouer. Par le passé, aucun Rhodésien n'était parvenu à faire mieux que de se classer dans les 25 premiers. J'espérais pour ma part terminer parmi les 10 premiers.

Après un tour initial de 69, je me suis retrouvé premier ex aequo au classement. J'ai poursuivi avec deux parties de 72, ce qui m'a permis d'entamer le tour final avec trois coups d'avance sur le reste du peloton. J'ai finalement remporté le titre par quatre coups en réalisant un 74 au dernier tour, mais il faut dire que j'en ai bavé. Au 17e trou, mon coup de départ avait abouti dans une fosse. Au coup suivant, ma balle était restée perchée dans un arbre. J'ai fini le trou en 7 coups, ce qui m'a valu un boguey triple.

Ma victoire a fait sensation dans mon pays natal. J'avais battu les meilleurs golfeurs juniors de l'époque – des gars comme Gary Hallberg, John Cook et Hal Sutton –, n'empêche que je fus un peu intimidé de l'accueil phénoménal que l'on m'a réservé à la maison.

Au tournoi de San Diego, j'avais connu des hauts et des bas. Au second tour, j'avais réalisé une performance inégale en récoltant cinq bogueys, trois oiselets et un aigle. Mais peut-être avais-je gagné parce que, justement, mon plan de match avait été d'accepter les coups ratés tout autant que ceux que je réussissais. Chaque fois que je calais la balle, je me disais qu'au trou suivant tout pouvait arriver.

Chapitre 10

LE CONDITIONNEMENT PHYSIQUE

Il a d'ores et déjà été démontré qu'une constitution athlétique est un atout de taille dans l'arène du golf professionnel. Grâce à un conditionnement physique adéquat, vous aussi pourrez atteindre vos objectifs de golfeur.

AMÉLIOREZ VOTRE JEU 100 90 80

LE CONDITIONNEMENT PHYSIQUE

Gagner en force et en souplesse

Des générations entières de golfeurs se sont fait répéter que le golf et l'exercice physique ne vont pas de pair. La croyance populaire voulait qu'en cherchant à améliorer sa forme physique le golfeur perdrait un peu de sa touche. Les experts maintenaient que le golf était une activité demandant aptitude et sensibilité, et non un sport athlétique.

Gary Player fut le premier grand professionnel à remettre en cause ce mythe. Partisan du conditionnement physique, des exercices d'assouplissement et d'une alimentation saine, Player a longtemps été ridiculisé par ses pairs ; son comportement était jugé absurde et excentrique. Voyant que d'autres athlètes commençaient à employer des techniques d'entraînement sophistiquées, les golfeurs sont peu à peu devenus sensibles aux bienfaits du conditionnement physique.

Les gymnases mobiles qui accompagnent aujourd'hui les golfeurs du circuit professionnel sur la route font l'objet d'un achalandage constant. Tous les grands noms du circuit suivent maintenant un régime d'entraînement personnalisé, adapté à leurs besoins et à leurs objectifs. Mais le golfeur moyen n'a pas besoin d'un gym mobile ou d'un entraîneur personnel pour se mettre en forme ; tout ce dont il a besoin, c'est d'un programme d'entraînement conçu pour ses besoins spécifiques et d'un brin de discipline. L'entraînement est une étape nécessaire pour le golfeur qui veut jouer à son meilleur.

Pages précédentes : Justin Leonard se tient en forme en joggant à la plage.

À l'instar de bien des joueurs du circuit professionnel, David Duval utilise différentes méthodes d'entraînement – le yoga, par exemple – pour élever son niveau de jeu.

Des exercices d'assouplissement qui bonifieront votre élan

COMMENÇONS PAR LE DOS

Il est impossible que vous puissiez vous élancer correctement si vous n'êtes pas capable de faire cet élémentaire exercice d'assouplissement du dos. Couchez-vous sur le dos en étendant bien les jambes, puis relevez les genoux vers la poitrine en les gardant aussi près l'un de l'autre que possible. Maintenez la position en tenant vos jambes à hauteur des rotules ou des tibias. Si vous êtes capable de rester dans cette position le temps d'une longue respiration, c'est que vous êtes plus flexible que 90 pour cent des golfeurs qui visitent mon gymnase pour la première fois.

L'étirement du dos selon Randy Myers.

UNE VERSION AMÉLIORÉE D'UN ÉTIREMENT CLASSIQUE

Bien des golfeurs ont pris l'habitude de s'étirer en posant un bâton en travers de leurs épaules et en pivotant le torse latéralement. La plupart des entraîneurs n'approuvent pas cet exercice dont l'efficacité n'a jamais été prouvée. Essayez plutôt ceci : prenez position comme si vous vous apprêtiez à vous élancer, mais en tenant un bâton de golf à l'horizontale devant vous par ses deux extrémités ; faites ensuite pivoter votre torse vers l'arrière comme si vous vous élanciez. Vous ressentirez une sensation d'étirement au niveau du dos et des épaules. Complétez l'étirement en pivotant vers l'avant. Maintenez la position avant et arrière pendant quelques secondes.

UN MOUVEMENT ATHLÉTIQUE

Si vous avez déjà frappé une balle de tennis, de base-ball ou une rondelle de hockey, vous connaissez l'importance de l'équilibre et de la posture. Appliquez ces principes pour faire de votre élan de golf un mouvement athlétique.

Faites bon usage de la voiturette – ou, mieux encore, marchez

RELÂCHER LES ÉPAULES

Vous n'améliorerez pas votre forme physique en vous promenant en voiturette ; par contre, vous pouvez vous servir de ce véhicule pour relâcher vos épaules avant une partie. Tenez-vous à côté du chariot en écartant les pieds d'une largeur d'épaules, puis empoignez le poteau qui tient le toit de la voiturette. En gardant les bras bien tendus, éloignez-vous du poteau de façon à étirer votre dos et vos épaules. Maintenez la position le temps d'une grande respiration, puis répétez l'exercice dans la direction opposée. Vous serez ensuite prêt à claquer votre premier coup de départ.

La marche selon John Elliott junior.

ALLEZ-Y, MARCHEZ !

Quoi qu'on en dise, il faut être en forme pour bien jouer au golf. Un golfeur qui n'est pas en bonne condition physique est incapable de produire un élan solide et athlétique. Or, la marche est un des meilleurs moyens de renforcer le corps – et particulièrement le bas du corps, là où réside la base de l'élan. Vous renforcerez vos jambes encore davantage en portant vous-même votre sac. De toute manière, passer toute une journée assis dans une voiturette de golf est néfaste pour le dos.

ÉVITEZ LA DÉSHYDRATATION

Il n'y a rien de tel qu'un grand verre d'eau pour assouvir la soif. Tout golfeur devrait boire de l'eau avant, pendant et après un match. Songez que, plus vous transpirez, plus vous avez besoin de boire. Bien que vous transpirerez beaucoup moins sous un climat sec et aride, vous devez tout de même veiller à vous hydrater avec vigilance.

Un conseil, cependant : boire de l'eau glacée est certes rafraîchissant par temps de canicule, mais sachez que cela perturbe le métabolisme et ralentit la digestion. Durant un match, buvez au moins quatre ou cinq grands verres d'une eau qui, idéalement, sera à la température de la pièce.

Être en forme sur le parcours comme dans la vie de tous les jours

UN ENTRAÎNEMENT RÉGULIER

Toute personne atteignant la quarantaine devrait faire du conditionnement physique une priorité. Un golfeur qui est en forme physiquement sera plus fort mentalement, surtout à la fin d'une partie. Les golfeurs professionnels s'entraînent de deux à cinq fois par semaine ; ils font surtout des exercices cardiovasculaires – la bicyclette stationnaire est très utile en ce sens. En plus de leurs exercices d'assouplissement, la plupart font des exercices de musculation, non pas pour accroître leur masse musculaire, mais pour maintenir le niveau d'endurance, de flexibilité et de tonicité musculaire dont ils ont besoin pour éviter les blessures. Comme dit le proverbe : *Mieux vaut prévenir que guérir.* À titre préventif, faites-vous examiner régulièrement par un physiothérapeute et consultez un dermatologue à raison de plusieurs fois par année, cela afin d'éviter ou de détecter les cancers de la peau – une affection très courante chez les golfeurs qui jouent souvent par temps ensoleillé.

DES PROGRÈS GRADUELS

Acquérir force et souplesse est un processus de longue haleine. De même, un golfeur ne peut pas passer de 120 à 90 du jour au lendemain. Donnez-vous pour objectif de retrancher au moins un coup par partie à votre carte de pointage.

L'exercice physique selon Nick Price.

L'ASPECT MENTAL DU JEU

RESTEZ DANS L'INSTANT PRÉSENT

À ce stade de votre développement, le moindre petit détail peut vous aider à retrancher un coup à votre marque finale. Il est par exemple très important que, lors d'un match, vous vous concentriez entièrement sur la tâche à accomplir. Vous aurez bien du mal à jouer au meilleur de vos capacités si votre esprit dérive. Apprenez à ménager vos forces, tant physiquement que mentalement. Dans le courant d'une partie, vous ne passez environ que 16 ½ minutes à frapper la balle ou à vous préparer à frapper la balle. Tout comme Fred Couples (ci-dessous), profitez de chaque temps d'arrêt pour relaxer, admirer le paysage ou pour répéter un élément clé de votre élan.

Pour jouer à votre meilleur quel que soit votre âge, renforcez vos abdominaux

LES DEMI-REDRESSEMENTS

Gary Player se réjouit du fait que ces mêmes collègues du circuit qui le ridiculisaient autrefois parce qu'il faisait de l'exercice physique suivent aujourd'hui un régime d'entraînement semblable au sien. *Mieux vaut tard que jamais,* comme dit le proverbe. Et effectivement, tout individu est apte à renforcer son corps, et ce, même s'il commence à s'entraîner à 50 ou 60 ans.

Le demi-redressement est un excellent exercice pour les muscles abdominaux. Gary Player peut en faire jusqu'à 1 000 par jour. Il en fait le matin en se levant, puis après sa partie de golf quotidienne, et le soir avant de se coucher. Il utilise trois techniques différentes de demi-redressement : jambes écartées et posées au sol ; genoux relevés avec les pieds au sol ; et jambes allongées et soulevées de terre (voir ci-dessous). Cette dernière technique est la plus exigeante des trois. Gardez les mains derrière la nuque et soulevez le torse tout en gardant le bas du dos au sol.

MANGEZ SAINEMENT

Évitez les repas lourds et ne buvez pas trop de café avant une partie. Le golfeur qui enfourne un hamburger, une frite et une bière juste avant son deuxième neuf n'a aucune chance de jouer à son meilleur.

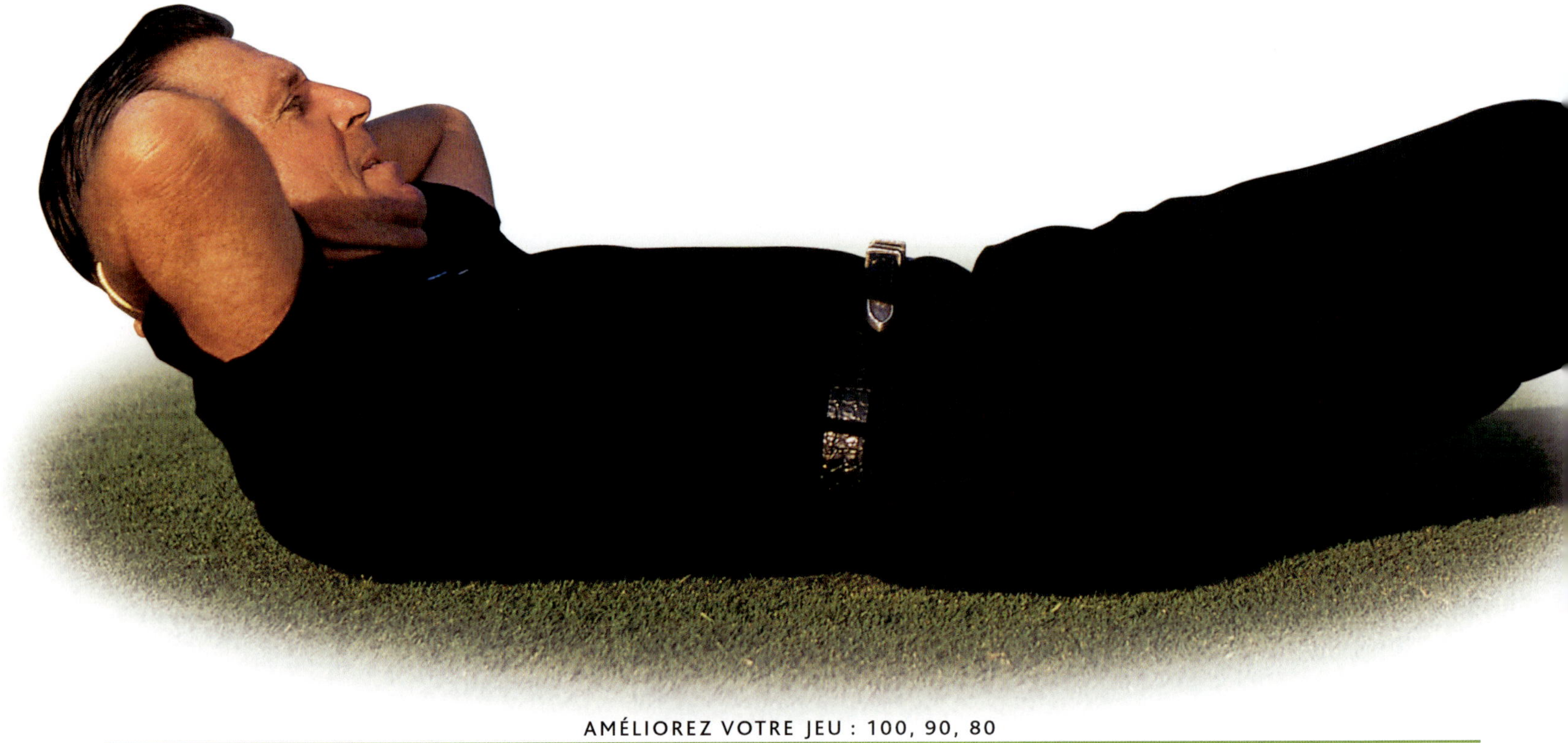

POUR UNE MEILLEURE POSTURE, FAITES DES FLEXIONS DE JAMBE

On dit que, chez les boxeurs, ce sont les jambes qui lâchent en premier. Il en va de même chez les golfeurs. Si vos jambes s'affaiblissent, vous ne bénéficierez plus du soutien dont vous avez besoin pour vous élancer et vous risquez de développer des problèmes de posture à la position initiale. C'est pourquoi vous devez maintenir vos jambes et le bas de votre dos en forme en faisant régulièrement des flexions de jambe. Accroupissez-vous jusqu'à ce que vos cuisses soient parallèles au sol. Tendez les bras devant vous et arquez légèrement le dos comme dans l'encadré ci-dessus. Ne voûtez pas les épaules et ne soulevez pas les talons. Essayez de maintenir la position pendant au moins 30 secondes. Vous constaterez par la suite que les muscles qui sont sollicités durant la flexion de jambe sont également légèrement tendus, et donc nécessaires, à la prise de position initiale.

Prenez toujours le temps de bien vous étirer avant de jouer

VOUS ÊTES PRESSÉ ? ÉTIREZ-VOUS DANS LE STATIONNEMENT

Essayez toujours d'arriver à votre club de golf en avance de façon à vous accorder une période d'étirement de 10 minutes. Vous ressentirez moins de raideur au départ du premier trou et serez moins courbaturé au lendemain d'une partie si vous étirez bien vos muscles avant de jouer. Vous êtes vraiment pressé ? Alors étirez-vous dans le stationnement du club en ouvrant le coffre de votre voiture et en posant un pied sur le pare-chocs. Répétez l'exercice avec l'autre jambe.

L'étirement selon Randy Myers.

S'ÉTIRER DANS LE VESTIAIRE

Le vestiaire est un excellent endroit où s'étirer avant une partie. Prenez quelques minutes pour étirer vos muscles ischio-jambiers (ci-dessus, gauche) et le bas de votre dos (ci-dessus, droite). Bien des golfeurs négligent d'assouplir et de renforcer leurs jambes, or, il est important que vous étiriez bien les ischio-jambiers avant un match, surtout si vous comptez marcher. Tendez la jambe ; sur un banc et penchez-vous vers l'avant jusqu'à ce que vous touchiez vos orteils. Ne balancez pas le torse d'avant en arrière. Si vous ne pouvez pas atteindre vos orteils, arrêtez à hauteur de la cheville. Répétez l'exercice avec l'autre jambe. Étirez ensuite votre dos et votre colonne vertébrale en vous penchant vers l'avant et en étreignant vos cuisses.

UN ÉTIREMENT ÉCLAIR

Si vous disposez de peu de temps avant une partie, étirez-vous le dos en posant les mains sur le toit d'une voiturette et en vous penchant vers l'avant. Cet étirement est aussi conseillé après un match ou une séance au terrain d'exercice.

Quelques exercices conçus spécifiquement pour les golfeurs

LE BALLON D'EXERCICE

Vous voulez améliorer votre souplesse, votre équilibre et votre posture ? Alors, achetez immédiatement un ballon d'exercice gonflable. Disponible dans tous les bons magasins d'articles de sport, cette pièce d'équipement d'une simplicité désarmante vous permettra de réaliser toute une panoplie d'exercices, avec l'avantage additionnel qu'il vous oblige à vous maintenir en équilibre. L'exercice que fait ici Randy Myers sert à assouplir et à renforcer les abdominaux, les bras, les épaules, et il est excellent pour le bas du dos. Munissez-vous d'un poids léger – une cruche d'eau de quatre litres, par exemple – et faites une sorte de redressement assis en tendant bien les bras devant le torse. Vous sentirez tout de suite comment cet exercice agit sur les abdominaux.

À CHACUN SON BÀTON

Tout golfeur sérieux devrait jouer avec des bâtons adaptés à son physique. Vous ne vous améliorerez jamais si vous êtes bâti comme Joe Pesci et que vous jouez avec des bâtons conçus pour Clint Eastwood.

ÉLIMINEZ LA TENSION

La tension est la cause de bien des problèmes d'élan. Sachant cela, ne haussez pas les épaules avant de vous élancer. Tenez plutôt vos épaules bien basses, en position détendue. Ce simple exercice vous aidera à vous élancer avec constance, rythme et fluidité.

UN EXERCICE IDÉAL POUR LES GOLFEURS

Je fais répéter cet exercice à tous les golfeurs professionnels avec qui je travaille. Installez-vous sur un tapis d'exercice. Tenant un haltère dans chaque main, agenouillez-vous sur un ballon d'exercice et essayez de ne pas perdre l'équilibre. Quand vous serez capable de rester sur le ballon, complétez l'exercice en levant les bras de chaque côté du corps jusqu'à la hauteur des épaules. Répétez plusieurs fois le mouvement. Cet exercice a une double fonction : de un, il vous fait travailler les muscles que vous utilisez quand vous vous élancez ; de deux, il permet de renforcer les muscles des épaules et des bras. Consultez toujours un médecin avant d'entreprendre un programme d'entraînement.

Atteignez un niveau de jeu supérieur en vous entraînant comme les pros

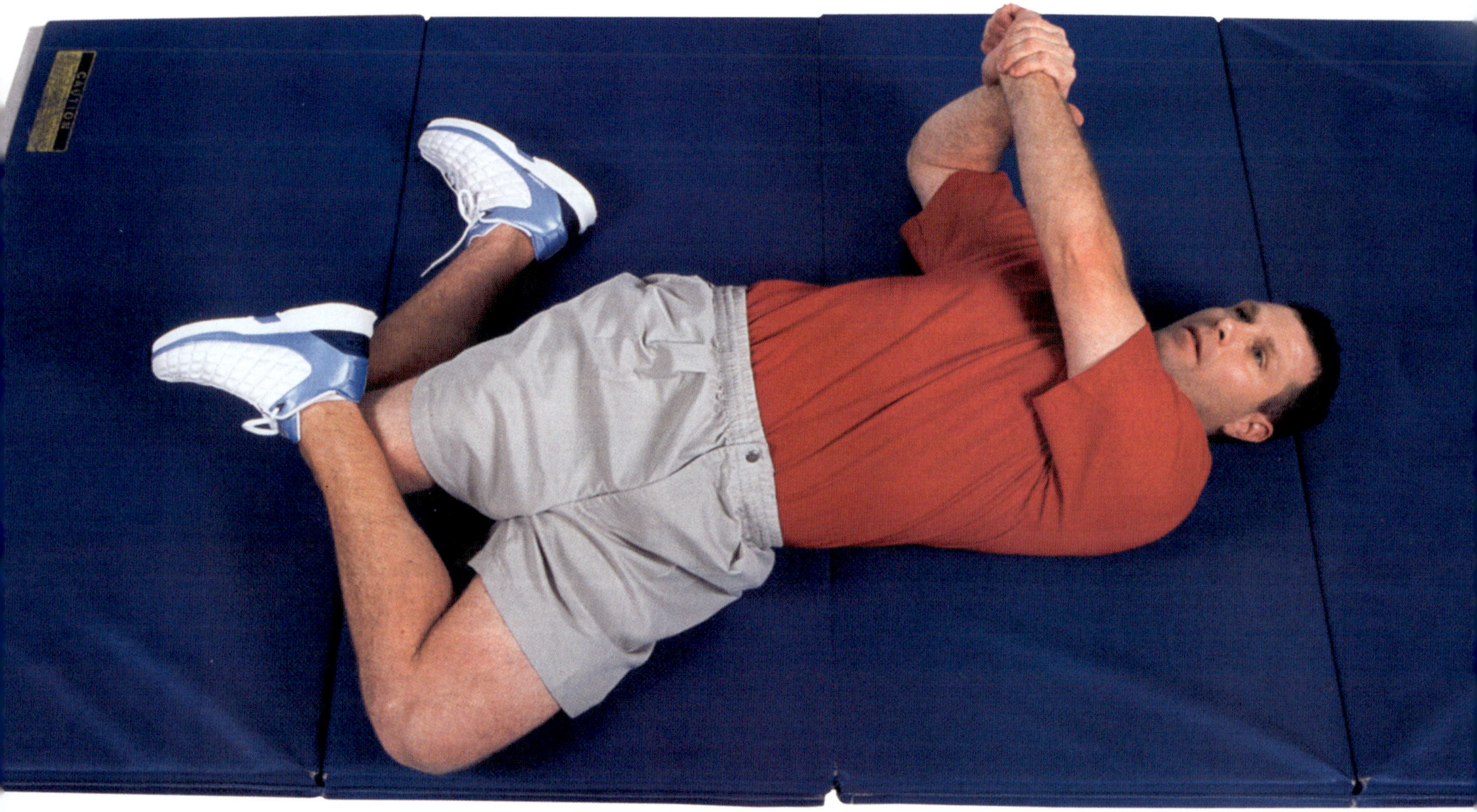

LES ÉTIREMENTS COMPOSÉS

Il y a des exercices d'assouplissement qui permettent de travailler simultanément plusieurs parties du corps. L'exercice ci-dessus est de ceux-là puisqu'il implique les hanches, le dos et les épaules. Étendez-vous sur le dos, puis étirez un de vos bras en travers de votre torse. Faites ensuite pivoter votre bassin de façon que votre nombril pointe dans la direction opposée au bras que vous étirez. Fléchissez ensuite les jambes de manière que vos deux genoux touchent le sol. Essayez de maintenir la position pendant plusieurs secondes sans soulever les épaules. Bien des golfeurs professionnels commencent leur journée en faisant cet exercice. Vous pouvez même le faire au lit !

UNE FORCE ÉQUILIBRÉE

Des études ont démontré qu'un golfeur qui s'élance avec un bois 1 génère autant de force musculaire qu'un haltérophile qui soulève 90 pour cent de son poids maximum. David Duval s'est donné pour objectif de travailler son corps en profondeur et de manière équilibrée. L'exercice « hundred » de la méthode Pilates lui permet de développer la stabilité dont il a besoin pour générer davantage de vélocité et de puissance avec un effort moindre. Voici comment l'exécuter.

Étendez-vous sur le dos, puis soulevez à la fois les jambes, la tête et les épaules. Repliez le haut de votre corps sur lui-même, comme si vous vouliez regarder votre nombril. Répétez cinq fois le mouvement en inspirant et expirant cinq fois à chaque répétition.

LA MÉTHODE PILATES

Créée durant la Première Guerre mondiale, la méthode Pilates était à l'origine un outil de réadaptation à l'usage des soldats blessés. Elle est devenue aujourd'hui une méthodologie de conditionnement physique visant à améliorer souplesse, force et équilibre. L'exercice de la photo ci-contre, le Pilates 101, est excellent pour les golfeurs puisque son objectif est de positionner la colonne vertébrale selon un angle similaire à celui que vous adoptez à la prise de position initiale. Assoyez-vous par terre, puis écartez largement les jambes en tendant les bras vers l'avant et en pointant les pieds vers le haut. Penchez-vous ensuite vers l'avant et maintenez la position le temps d'une profonde respiration.

ÉVITEZ LES REBONDS

Les instructeurs de conditionnement physique prônaient autrefois une méthode d'étirement balistique où le muscle était étiré par à-coups. On préconise aujourd'hui des méthodes plus douces caractérisées par des mouvements lents et continus qui mettent l'accent sur la qualité de la posture. Évitez les rebonds et les coups secs quand vous vous étirez le dos. Étirez-vous graduellement jusqu'à la limite de votre capacité.

Un entraînement qui vous permettra de développer votre vitesse de réaction

LES EXERCICES PLIOMÉTRIQUES

Popularisée durant les années 1970 par des athlètes d'Allemagne de l'Est, la pliométrie est devenue aujourd'hui partie intégrante de l'entraînement olympique. Au cours des dernières années, quantité d'athlètes issus de disciplines nécessitant des mouvements rapides et explosifs ont adopté cette méthode d'entraînement. La pliométrie vise un accroissement de la puissance et de la vitesse de réaction par le biais d'exercices exigeant un étirement et une contraction rapide des muscles.

Ne vous engagez pas sur la voie de la pliométrie avant d'avoir bien développé votre force, votre souplesse et votre contrôle musculaire. Il y a en effet de forts risques que vous vous blessiez si vos muscles ne sont pas suffisamment entraînés pour répondre aux contractions rapides et puissantes propres aux exercices pliométriques.

Le mouvement que Justin Leonard effectue dans la photo ci-dessous renvoie à un exercice pliométrique de base. Il consiste à faire des bonds latéraux en passant d'un pied à l'autre. Poursuivez le mouvement pendant 30 secondes en gardant les genoux fléchis et en distribuant votre poids de façon égale sur toute la surface du pied.

BONIFIEZ VOTRE ÉLAN GRÂCE À LA PLIOMÉTRIE

En pratiquant l'exercice ci-dessous, Justin développe ses cuisses et ses muscles fessiers. Ce sont ces muscles qui vous permettent d'effectuer une rotation rapide du corps et de générer une vélocité maximale lorsque vous vous élancez. Dans le mouvement de l'élan, la partie inférieure du corps doit former une base à la fois puissante et stable qui permettra au torse de pivoter librement. La fesse droite doit effectuer un pivot très marqué pour «lancer» le corps en direction de la cible. Pour un élan puissant, il est impératif de bien développer la vitesse de réaction des muscles des cuisses et des fesses.

Vous ne pourrez pas effectuer une rotation du haut du corps à vélocité maximale si vous n'avez pas suffisamment développé la souplesse et la vitesse de réaction de vos jambes et de votre torse. Plus ces muscles seront forts et souples, plus l'effet d'enroulement produit à la montée sera efficace. De fait, il ne suffit pas de faire pivoter les hanches à la montée pour générer un élan puissant: il faut que tout le côté droit de votre corps emmagasine l'énergie qui sera déployée à la descente. En plus de vous aider à augmenter la distance de vos coups, les exercices pliométriques vous permettront de développer votre endurance et de rester d'attaque jusqu'à la fin du match.

Al Geiberger, Circuit des Champions

UNE PREMIÈRE MÉMORABLE

Le vendredi 10 juin 1977, sous une chaleur torride, je jouais au Colonial Country Club à l'occasion du Danny Thomas Memphis Classic. Non seulement le Colonial était-il à cette époque un des parcours les plus difficiles du circuit de la PGA, ce jour-là le terrain était en piteux état; les verts étaient mal taillés et la pelouse des allées était si courte que l'on devait appliquer la règle d'hiver. En pareilles conditions, rien ne laissait présager que j'allais devenir le premier joueur de la PGA à réussir un 59.

Au 14e trou, j'étais seulement à deux coups sous la normale. C'est alors que mon ami Bob Schreiber est arrivé avec des craquelins tartinés au beurre d'arachide. À l'époque, je mangeais toujours des sandwichs au beurre d'arachide durant une partie pour refaire le plein d'énergie – une habitude que j'ai conservée à ce jour. Bref, quand Bob s'est pointé, j'ai tout de suite mangé quatre ou cinq de ces fameux craquelins. Je ne sais toujours pas si c'est le beurre d'arachide qui m'a fait cet effet, mais reste que j'ai joué huit sous la normale sur les sept trous suivants.

En toute franchise, je visais le record de la PGA pour le nombre de trous consécutifs joués sous la normale. Je n'y suis pas parvenu, n'empêche que je me suis tellement concentré là-dessus que j'en ai oublié mon pointage. C'est sans doute pour ça que je n'ai pas craqué sous la pression.

Au dernier trou, j'avais une bonne chance de réussir un oiselet. Dès le premier coup d'œil, j'ai su comment j'allais jouer mon roulé. J'ai empoigné mon fer droit, puis j'ai frappé la balle. L'instant d'après, celle-ci disparaissait en plein centre de la coupe et c'était le délire total dans l'assistance.

En 25 ans de carrière, Al Geiberger a remporté 11 titres sur le circuit de la PGA, dont le championnat de la PGA de 1966 et le Danny Thomas Memphis Classic de 1977, où il a inscrit sa fameuse marque record. Depuis son arrivée sur le Circuit des Champions en 1987, celui que l'on surnomme « monsieur 59 » a remporté 10 tournois. Il emporte toujours un sandwich au beurre d'arachide dans son sac de golf.

STRATA
STRATA

LES ÉDITEURS

La revue *Golf Digest* est reconnue pour ses articles techniques clairs et concis qui s'adressent aux golfeurs de tous niveaux. Voici la liste des éditeurs qui ont originellement contribué aux articles de la chronique « Breaking 100, 90, 80 » :

SCOTT SMITH
Directeur des chroniques techniques chez *Golf Digest,* Scott Smith fait partie de l'équipe depuis 1996. Il est l'éditeur en chef du présent ouvrage et a écrit des articles avec Jim McLean, David Leadbetter, Ernie Els, ainsi qu'avec d'autres éditeurs et instructeurs de *Golf Digest.*

MATTHEW RUDY
Matthew Rudy est éditeur chez *Golf Digest* depuis 1999. Il est l'auteur des ouvrages *Le swing des champions : Golf Digest;* de *Breaking 90 with Johnny Miller*; et de *The Complete Idiot's Guide to Golf.*

Scott Smith notant les conseils de David Leadbetter.

ROGER SCHIFFMAN
Roger Schiffman est vice-président et directeur de rédaction chez *Golf Digest.* Il a signé depuis 1979 plusieurs articles en collaboration avec des instructeurs et golfeurs professionnels. Il est coauteur des ouvrages *The 3 Games of Golf* (avec Hank Johnson) et *Perfectly Balanced Golf* (avec Chuck Cook).

RON KASPRISKE
Rédacteur en chef adjoint chez *Golf Digest,* Ron Kaspriske est avec l'équipe depuis 2000. Il a travaillé avec les meilleurs instructeurs dans le domaine ainsi qu'avec les plus grands noms du circuit professionnel, dont David Toms, Phil Mickelson et Hank Kuehne.

MIKE STACHURA
Mike Stachura est éditeur chez *Golf Digest* depuis 1992. Il a écrit des articles en collaboration avec Nick Price, Mark O'Meara et Bob Rotella, pour ne nommer que ceux-là. Auteur de deux ouvrages sur le golf, Mike est présentement responsable de la section « équipement » du magazine.

TOPSY SIDEROWF
Rédactrice en chef adjointe chez *Golf Digest,* Topsy Siderowf travaille à la revue depuis 1982. Responsable du classement et des prix attribués sur le circuit junior ainsi que des sommaires de parcours proposés par *Golf Digest,* Topsy a rédigé des articles techniques avec plusieurs joueuses de la LPGA, dont Judy Rankin.

GUY YOCOM
Depuis qu'il s'est joint à l'équipe en 1984, Guy Yocom a signé de nombreux articles pour *Golf Digest.* Il a collaboré à la rédaction d'ouvrages produits par quatre champions de l'Omnium des États-Unis, soit Tiger Woods, Johnny Miller, Corey Pavin et David Graham.

CLIFF SCHROCK
Travaillant à la revue depuis 1984, Cliff Schrock a rédigé pour le compte de *Golf Digest,* de nombreux articles techniques et historiques. À titre d'éditeur du centre de ressources de *Golf Digest,* il est aujourd'hui responsable des archives du magazine. Cliff est l'auteur de quatre ouvrages sur le golf.

INDEX

L'index suivant vous permettra de localiser les conseils et leçons d'un auteur en particulier. Référez-vous aux numéros de pages qui accompagnent chaque nom.

PETIT LEXIQUE DU GOLF

Les Éditions de l'Homme appliquent les suggestions de l'Office québécois de la langue française pour la francisation du vocabulaire des golfeurs

QUÉBEC	EUROPE
Allée	Fairway
Amorcer	Take away
Angle d'ouverture (d'un club)	Loft
Approche lobée	Pitch
Approche foulée	Chip
Bâton	Club; canne
Boguey	Bogey
Bois n° 1	Driver
Bois d'allée	Bois de parcours; bois de fairway
Boutique du pro	Pro-shop
Cadet	Caddie
Calotter	Topper
Carte de pointage	Carte de score
Cocheur	Wedge; chipper
Cocheur de lob	Lob wedge
Cocheur d'allée	Pitching wedge
Cocheur de sable	Sand wedge
Compétition par trou	Match-play
Coudé	Dog-leg
Coup d'approche	Approche
Coup d'approche lobé	Pitch
Coup d'approche roulé	Chip
Coup de départ	Drive; Teeshot
Coup roulé	Putt
Crochet extérieur	Slice
Crochet extérieur léger	Fade
Crochet intérieur	Hook
Crochet intérieur léger	Draw
Crochet de droite	Slice
Descente	Downswing
Effet rétro	Backspin
Élan	Swing
Éliminatoire (joute)	Play-off
Fer droit	Putter
Fosse de sable	Bunker
Gras (frapper)	Gratte
Herbes hautes	Rough
Impact	Frappe
Impact (zone d')	Traversée
Maître-golfeur	Joueur scratch
Marque	Score
Montée	Backswing
Normale	Normale (jouer la)
Jouer	Scratch
Oiselet	Birdie
Omnium	Open
Partie par coups	Stroke-play
Partie par trous	Match-play
Position/posture de pieds	Stance
Prise de position initiale	Adresse
Prise	Grip
Prolonger	Followthrough; accompagnement
Roulé	Putt
Tablier	Avant-green
Terrain d'exercice	Terrain d'entraînement; practice
Tertre, tertre de départ	Tee; aire de départ
Tour	Partie; parcours
Vert	Green
Vert d'exercice	Putting green; green d'entraînement

Achevé d'imprimer au Canada
sur les presses des Imprimeries Transcontinental Inc.